Geschichte des Johanniter-Ordens

Die Ritter und die Ordensgeschichte unter besonderer Berücksichtigung des Heermeistertums Sonnenburg oder der Ballei Brandenburg

von

Dr. Eduard Ludwig Wedekind

Weitere Bücher aus der Reprint-Reihe:

Die Geschichte der Heilkunde - Magie, Religion, Ethik, Mystik, Philosophie und Wissenschaft von Dr. Georg Honigmann, ISBN 978-3-89094-469-2

Aberglaube und Zauberei in der Volksmedizin von Carly Seifarth, ISBN 978-3-89094-436-4

Der magische Mensch - Vom Wesen und der Magie der Naturvölker von Theodor-Wilhelm Danzel, ISBN 978-3-89094-503-3

Deutsche Mythologie von Prof. Dr. F. Kauffmann, ISBN 978-3-89094-454-8

Die Geschichte des Teufels - Von den Anfängen der Zivilisation bis zur Neuzeit von Paul Carus, ISBN 978-3-89094-424-1

Die Wurzeln der Sage vom Heiligen Gral von Leopold von Schroeder, ISBN 978-3-89094-444-9

Mythologie, Magie, Geheimbünde und Kulte von Hawaii von Dr. Thomas Achelis, ISBN 978-3-89094-471-5

Der Duell-Codex und der Ehrenkodex oder Regeln für Duellanten und Sekundanten im Duellieren von Gustav Hergsell und John Lyde Wilson, ISBN 978-3-89094-432-6

Die Geschichte der Templer - Die Geschichte des Ordens und seiner Tempelritter von Dr. Wilhelm Havemann, ISBN 978-3-89094-516-3

Dr. Eduard Ludwig Wedekind, war Konrektor der höheren Bürgerschule zu Krossen, des Vereins für Geschichte der Mark Brandenburg ordentlichem und der Ober-Lausitzischen Gesellschaft der Wissenschaften zu Görlitz außerordentlichem Mitglied. Das Buch erschien ursprünglich unter dem Titel „Geschichte des Ritterlichen St. Johanniter-Ordens – besonders dessen Heermeistertums Sonnenburg oder der Ballei Brandenburg, Berlin, 1853, im Verlag der Deckerschen Geheimen Ober-Hofbuchdruckerei". Wir konnten trotz ausführlicher Recherche keinen Rechteinhaber ausmachen. Sollte es dennoch Rechteinhaber geben, bitten wir um Nachricht.

Gesamtherstellung: Bohmeier Verlag, Printed in Germany

ISBN 978-3-89094-567-5

Inhaltsverzeichnis

Anmerkung des Verlages

Alle *kursiven Fußnoten* sind vom Verlag. Sie sind also ausnahmslos Ergänzungen zum ursprünglichen Werk. Alle Original-Fußnoten sind ohne Anmerkung und in normaler Schrift.
Die Schreibweise der Erstausgabe wurde beim Neusatz geglättet. Korrekturen auf inhaltliche Fehler wurden vorgenommen, jedoch ohne den Charakter der Erstausgabe zu verfälschen oder den Text inhaltlich zu ändern.

1. Die Entstehung des Johanniter-Ordens

Es war in der Mitte des elften Jahrhunderts, als eine Gesellschaft von Kaufleuten aus Amalfi in Italien, die jährlich eine Reise nach Ägypten machten, durch wiederholte kostbare Geschenke, welche sie dem dortigen Kalifen *Mostaffan Billach* und seinen Ministern machten, die Erlaubnis erhielten, in Jerusalem unweit des heiligen Grabes eine besondere Herberge für die abendländischen Christen, und zum Behufe der Andachtsübungen eine Kapelle zu erbauen.[1] Die gottesdienstlichen Verrichtungen wurden Benediktinern übertragen, und die Kapelle zu Ehren der heiligen Jungfrau die lateinische Mutterkirche (S. Maria della Latina) zum Unterschied von den griechischen Kirchen, wo man den Gottesdienst nicht nach dem Ritus der lateinischen oder römischen Kirche verrichtete. Bald führte man unweit derselben zwei andere Gebäude zu Herbergen (Albergia) für die Pilgrime beiderlei Geschlechts auf, in welchem Gesunde und Kranke verpflegt werden sollten. Jedes dieser Gebäude bekam bald nachher seine eigene Kapelle, davon eines der heiligen Magdalena, das andere dem heiligen Johannes dem Täufer gewidmet wurde, wovon sie sich später *Johanniter*[2] nannten.

---

1 *Das ‚Kreuz von Amalfi' kommt ursprünglich aus dem byzantinischen und ist schon seit dem 11. Jahrhundert das Symbol der Bürger von Amalfi. Aus Dankbarkeit übernahmen die Kaufleute das Symbol für den Orden, wobei Sie dem achtzackigem Jahanniter-Ordenskreuz die 8 Glückseligkeiten zuordneten (von oben rechts im Uhrzeigersinn nach oben links: Nach Gerechtigkeit streben, Dankbarkeit, Herzensreinheit, Verfolgt (durch Gesetz), Frieden stiften(d), Fromm, Trauer, Arm).*

2 *Es gibt noch ein Theorie für den Namensgeber: Johannes V. der Almosengeber (griech. Eleemon). Ende 610 bis 11. November 619 melkitischer Patriarch von Alexandrien für die damals etwa 200.000 Kaisertreuen (meist Beamte, Soldaten, Kaufleute oder Fremde; neben 5 - 6 Millionen diplophysitisch gesinnten Kopten). Johannes stammte aus Amathus (Limassol) auf Zypern, wo er bis 610 Bischof war. Nachdem die Perser auch Ägypten besetzten, floh er im Juni 619 zusammen mit dem Patrikios Niketas, gelangte in seine Heimatstadt und verschied dort. –*
Johannes war als acharnierter Chalkedonenser und Kaisertreuer - von Kaiser Herakleios (610-641) auf Wunsch der Alexandriner eingesetzt - nach Ägypten gekommen. Seine Absicht, jedwede Häresie - insbesondere den Diplophysitismus - zu unterdrücken, vermochte er jedoch nicht wahr zu machen. Allerdings gelang es ihm, die Zahl der noch vorhandenen sieben melkitischen Kirchen zu verzehnfachen und auch außerhalb Alexandriens ganze Dörfer, Kirchen und Klöster für den chalkedonensischen Glauben zu gewinnen und das ohne Gewalt, da der Praefectus Praetorio Augustalis und Dux Niketas, Sohn des Gregorios jeglicher Verfolgung der Diplophysiten abhold war. Überdies war man allgemein des andauernden Streites um die zwei Naturen des Heilandes überdrüssig geworden. Johannes war mit der verständigen Kirchenpolitik des Niketas, der ganz im Sinne des Kaiser Herakleios wirkte, überhaupt nicht einverstanden, konnte aber nichts dagegen machen. Niketas unterstützte die Aussöhnung der ägyptischen und syrischen Diplophysiten im Jahre 616 -

Schon seit den ältesten Zeiten war es eine fromme Sitte, nach dem heiligen Land zu wallfahrten und die Orte zu besuchen, wo unser göttlicher Religionsstifter gelebt, gelehrt und gelitten hatte, dort an den heiligen Stätten zu beten, im Jordan zu baden, der durch Jesu Taufe gleichsam geheiligt war.
Als Kaiser *Konstantin* und seine Mutter *Helena* das verschüttete heilige Grab am Fuß des Berges Golgatha wieder aufgefunden, mit einem hohen Gewölbe auf schönen Säulen überbauen, und daneben einen Tempel, so wie auf der Spitze des Ölbergs eine kleine Kirche hatten bauen lassen, da wurden die Wallfahrten nach dem heiligen Land immer häufiger; die Araber, welche im siebten Jahrhundert das Land eroberten, störten die Pilger nicht, da sie in den

---

eine Aussöhnung, die beide Kirchen bis in unsere Gegenwart verbindet. - Eng mit diesem Kampf für die griechische Orthodoxie verknüpft, ist sein Bemühen, die Simonie auszurotten. Es geht um den allgemeinen Zuschlag (das »Geschenk« oder das »Übliche«), den man für die Weihe entrichtete, wie auch im außerkirchlichen Leben der Soldat dem Offizier, der Steuerzahler dem Beitreiber Zahlungen leistete. - Johannes verfügte über zwei hervorragende Helfer, eine Art Generalvikare: Sophronios den Sophisten, der durch seine elegante Schriftstellerei die Gebildeten zu gewinnen vermochte, und Johannes Moschos, der - zusammen mit ersterem - vor der Eroberung Jerusalems durch die Perser (614) Palästina verlassen hatte und über Antiochien nach Ägypten gelangt war, wo er dem Volk und den Mönchen gegenüber in den Bahnen des Erzbischofs wirkte. Dieser selbst folgte dem Zug der Zeit zur werktätigen Frömmigkeit. Seiner Natur entsprechend, nahm diese Mildtätigkeit große Formen an. Sie gewann ihm die Herzen des Volkes. Allerdings gingen die reichen Einkünfte seiner Kirche (er fand bereits 80 Zentner Gold vor) so fast ganz für karitative Aufgaben drauf. Nicht zuletzt war es die groß angelegte Fürsorge für die Flüchtlinge des Perserkrieges, die Johannes seinen Beinamen eintrug. Außerdem unternahm er Anstrengungen, das verwüstete Jerusalem wieder herzustellen. [...] - Schriftstellerisch hat Johannes sich als Hagiograph betätigt. Erhalten ist, allerdings nur bruchstückweise, eine Vita des Heiligen Tychon, Patron der Winzer und der Legende nach Bischof seiner Heimatstadt Amathus auf Zypern (HS. Paris gr. 1488). - Bischof Leontios von Neapolis (= Nemosia) auf Zypern verfaßte 641/648 die Vita des Patriarchen. Er ist Zeitgenosse, gehörte dem Freundeskreis seines Helden in Ägypten an und lebte noch Mitte des 7. Jahrhunderts. Im Prinzip soll seine eher volkstümliche Arbeit nur Ergänzung einer bereits von Johannes Moschos und Sophronios edierten Biographie sein, die ihm unvollständig erschien. Vor allem will er auch den gemeinen Mann mit dem Leben des großen Almosengebers vertraut machen. Die spätere, Symeon Metaphrastes (2. Hälfte des 10. Jahrhunderts) zugeschriebene Vita, benutzt im wesentlichen Leontios. Nur die sechs ersten Teile basieren auf einer anderen, wertvollen Quelle. - Johannes ist Vertreter der altchalkedonensischen Orthodoxie, weniger als theologischer Denker als vielmehr in Treue zu Herkunft und Erziehung. So steht er im Gegensatz zu Kaiser Herakleios und seinem Hofpatriarchen Sergios I. (610-638) in Konstantinopel. Seine wahre Begabung ist praktischer Art. Durch sein Auftreten und eine exzessive Mildtätigkeit weiß er die Herzen zu gewinnen und auf seine Seite zu ziehen. Seine hagiographische Schriftstellerei und seine eigene aktive Heiligenverehrung (Kyros und Johannes in Menuthis [Abuqir]) weisen ihm einen Platz in der Frömmigkeitsgeschichte an und beweisen gleichzeitig seine Heimattreue (Amathus). Quelle: Biographisches-Bibliographisches Kirchenlexikon, Band III (1992) Spalten 251-253 v. C. Detlef G. Müller

zahlreichen Besuchen ihren Vorteil erkannten, und ließen die dortige christliche Gemeinde in ihrer Religionsübung ungestört.
Anders wurde es, als 1073 die seldschuckischen Türken, ein rohes asiatisches Bergvolk, das Land eroberten. Die Wallfahrer wurden misshandelt, beraubt oder getötet. Der Eintritt in Jerusalem wurde den Christen nur gegen eine bedeutende Abgabe gestattet. Bei den griechischen Christen fanden die römischen keinen Beistand. Erkrankten die letzteren, oder war ihr Geldvorrat zu Ende gegangen, so blieb ihnen nur die Wahl zwischen dem Hungertod und der Sklaverei.
Die menschenfreundliche Gastlichkeit der *Johanniter* oder *Hospitaliter* fand bald gerechte Würdigung, und bald fassten abendländische Christen, vom Religionseifer und Liebe zur leidenden Menschheit beseelt, den Entschluss, ihrem Vaterland auf immer zu entsagen, und sich der Pflege und Wartung der Pilger und der Krankheit zu weihen. Diese wurden hier milde aufgenommen, beherbergt, gespeist und gepflegt, während die Pfleger selbst Kleienbrot und Bohnenmehl genossen. In dem Hospital zu St. Johannes in Jerusalem fand der verlassene Pilger einen Freund, der Verfolgte eine Zufluchtsstätte, der Unglückliche Teilnahme an seinem Elend, der Kranke Pflege und Tröstung oder – ein friedliches Ende und ein Grab in der Nähe des Grabes seines Erlösers.
In den ersten Jahren wurde das Hospital durch Almosen erhalten, die jene Kaufleute aus Amalfi in den italienischen Städten einsammelten, nachher kamen immer reichere Geschenke wohltätiger Christen hinzu.
Es ist bekannt, dass 1099 das erste Heer der Kreuzfahrer unter Anführung des tapferen und edlen Herzogs *Gottfried von Bouillon*[3] vor Jerusalem erschien

---

3 *Gottfried von Bouillon, der Eroberer Jerusalems, war geboren in der Mitte des 11. Jahrhunderts und folgte seinem Oheim Gottfried dem Bucklichen, Herzog von Niederlothringen, 1076 als Herzog von Bouillon. Er hatte sich schon durch Heldentaten im Kampf für Kaiser Heinrich IV. berühmt gemacht, als er zum Anführer der Kreuzritter gewählt wurde, welche 1096 den ersten Kreuzzug zur Eroberung des heiligen Landes machten. Er zwang den Kaiser zu Konstantinopel zum Beistand, geriet aber durch die Treulosigkeit desselben mit seinem Heer bei der Belagerung von Antiochien, der Hauptstadt Syriens, in große Not. Doch durch das Auffinden der heiligen Lanze (angeblich derselben, mit welcher Christus am Kreuz verwundet worden war) wurden die Kreuzfahrer aufs Neue so von Mut beseelt, dass sie einen glänzenden Sieg über die Ungläubigen davontrugen. Nun wurde Jerusalem belagert und nach fünf Wochen, am 19. Juli 1099, erobert. Gottfried zeichnete sich hierbei auf das vorteilhafteste aus. Vergebens bemühte er sich jedoch, der Wut, mit welcher die Eroberer die Ungläubigen niedermetzelten, Schranken zu setzen; 70,000 Muselmänner wurden durch das Schwert umgebracht und die Juden in ihrer Synagoge verbrannt. Darauf wurde Gottfried einmütig zum König von Jerusalem ernannt, aber der fromme Streiter wollte an dem Ort, wo sein Erlöser die Dornenkrone getragen hatte, keine irdische Krone tragen, und begnügte sich mit dem Titel eines Verteidigers und Barons des Heiligen Grabes. Nur ein Jahr währte jedoch seine milde und weise Regierung und schon 14 Tage nach der Ero-*

und die Stadt eroberte. Die Hospitaliten sollen bei dieser Eroberung sehr wesentliche Dienste dem christlichen Heer geleistet haben. Der damalige Vorsteher des Hospitals, der ehrwürdige *Gerhard Tom* soll den Christen über die Verteidigungsmittel und Verteidigungsweise Nachricht erteilt haben. Wirklich wurde er von den Türken wegen dieser Anschuldigung in einen finsteren Kerker geworfen. Doch ist die Wahrheit dieser Anschuldigung unbewiesen. Gewiss ist es, dass sie den Kranken und Verwundeten des christlichen Heeres sehr wesentliche Dienste leisteten. Als daher *Gottfried von Bouillon* das Hospital nach einiger Zeit besuchte, so wurde er vom freudigsten Erstaunen ergriffen, als er eine große Anzahl seiner Waffengefährten, die man verwundet dahin gebracht hatte, gepflegt, genährt und fast genesen wiederfand. Alle priesen die treue und unermüdliche Sorgfalt und Pflege der Hospitalbrüder und *Gottfried von Bouillon*, bekanntlich der erste christliche König zu Jerusalem, machte dem Hospital schon damals einige wesentliche Schenkungen in seiner Heimat, die Herrschaft Montboire in Flandern. Diesem Beispiel folgten andere, auch erbte das Hospital die Hinterlassenschaft derer, welche ohne Erben darin verstarben.

Abbildung 1 - Gottfried von Bouillon in der Grabeskirche zu Jerusalem, von Joseph von Führich (um 1827–1828)

---

berung Jerusalems rückte der Sultan von Ägypten mit einem großen Heere rachedürstend heran. Er wurde in der Schlacht bei Askalon auf das Haupt geschlagen. Als hierauf die Kreuzfahrer sich größtenteils in ihre Heimat zurückbegaben, blieb Gottfried mit einem nur sehr kleinen Heer in Jerusalem zurück. Er setzte nun einen Patriarchen ein, stiftete zwei Domcapitel und erbaute im Thal Josaphat ein Kloster. Mit dem Entwurf weiser Gesetze beschäftigt, starb er schon am 18. Juli 1100. Er wurde neben dem Grab des Erlösers auf dem Calvarienberg bestattet. Ihm hat der berühmte ital. Dichter Tasso in seinem, „Befreiten Jerusalem" ein unvergängliches Denkmal gesetzt.
Quelle: Brockhaus Bilder-Conversations-Lexikon Bd. 2, S. 253-254.

2. Die Konstitution des Ordens

Bis dahin hatte das Hospital ohne alle Ordensregeln bestanden; als aber mehrere junge Edelleute aus dem Heer der Kreuzfahrer sich entschlossen, nicht mehr nach Europa zurückzukehren, sondern sich ebenfalls zu Gottes Ehre dem Dienst der Schwachen und Kranken zu weihen, da beschloss der damalige Vorsteher oder Rektor *Gerhard Tom*, die fromme Gesellschaft, sowohl Brüder als Schwestern, mit bestimmten Ordensregeln zu versehen. Das Ordenskleid bestand aus einem einfachen, schwarzen Gewand, an dessen linker Seite ein weißleinenes Kreuz eingenäht war, dann legten sie am Fuß des heiligen Grabes die drei geistlichen Gelübde: „Armut, Keuschheit und Gehorsam“ ab. Der Papst *Paschalis II.* bestätigte das neue Institut, und sprach das Ordenshaus in Jerusalem, sowie alle ihm gehörenden Güter in Europa und Asien von allen Abgaben los, auch sollte es sein Ordenshaupt künftig frei und selbständig wählen.

Fortwährend erfreute sich das Hospital der Gunst des neuen Königs von Jerusalem; er verlieh ihm ganze Herrschaften im Gebiet der Stadt und in den eroberten Provinzen. Mehrere Könige, der gesamte Adel Asiens, viele europäische Fürsten und Herren machten den Hospitalbrüdern Geschenke. Da inzwischen das Zuströmen der christlichen Wallfahrer fortdauerte, und die hilfreiche Tätigkeit der Johanniter sich nicht bloß auf Jerusalem beschränkte, so war auch dies dem Orden sehr ersprießlich, indem ihm nun von allen Seiten reiche Besitzungen und Schenkungen aller Art zufielen.

Abbildung 2 – Der 1. Großmeister Raymund du Puy

Zunächst wurden nun in den bedeutendsten Seestädten Europas, als zu Messina in Sizilien, zu Tarento in Apulien, St. Giles in der Provence, Sevilla in Andalusien etc. auf Kosten des Haupthauses geräumige Hospitäler aufgeführt und mit Johannitern besetzt. Die Filial-Hospitäler waren anfangs dazu bestimmt, den Pilgern und Kriegsleuten, welche mit dem Vorsatz das heilige Land zu besuchen, darin zusammenkamen, zu sicheren Herbergen und Versammlungsorten zu dienen.

Im Jahr 1118 starb der seitherige Rektor *Gerhard Tom*, und einstimmig wurde von den Brüdern *Raymund du Puy*[4] *(Raymundus de Podio)* aus der Provence, einer jener übergetretenen Ritter, als der würdigste zum Vorsteher gewählt. Er nannte sich selbst mit apostolischer Bescheidenheit einen „Knecht der Armen Jesu Christi und Meister des Hospitals zu Jerusalem". Mit ihm hebt eine neue Periode in der Geschichte des Johanniter-Ordens an, still und unbemerkt hatte er bisher dem christlichen Erbarmen und der Bruderliebe gelebt, *Raymund du Puy* aber beschloss, die Werke der ritterlichen Tapferkeit mit dem christlichen Mitleiden zu verbinden. Er machte aus dem Mönchsorden mit Beibehaltung der Mönchsregeln einen Rittersorden, dies war im Jahr 1120, und der Orden des Hospitals St. Johannis erhielt nun die doppelte Pflicht: die Verteidigung des Königreichs Jerusalem gegen die Ungläubigen (Mohammedaner) und die ununterbrochene Pflege und Wartung der Pilgrime.
Die Johanniter wurden nun in drei Hauptklassen[5] eingeteilt:

---

4 *Raymond du Puy de Provence (* 1083 - † 1160), war ein französischer Ritter und wurde erster "Großmeister des Ordens von St. John von Jerusalem" (Ritter Hospitäler) von 1118 bis 1160. Er war der Sohn von Hughes Du Puy (1060-?). (D. V.)*

5 *„Ob nun gleich dem Ritter keine verschmelzenden Übergänge eigen waren, so erinnerte er sich doch nicht ohne Rührung, dass sich bei allem, was zu seyn werth wäre, Geist, Seele und Leib, Rock, Weste und Beinkleider fänden, und dass jede Sache von Wichtigkeit drei Wörter in und zu ihren Diensten hätte. Durch dieses weite Portal des Eingangs kam er geradeswegs zu den drei Gelübden der Armut, der Keuschheit und des Gehorsams, und zu den drei Klassen, in welche* Meister Raymund du Puy *die Hospitaliten teilte.*
Auf Prima, *sagte der Ritter, saßen die Adeligen, welche er zur Verteidigung des heiligen Glaubens und zur Beschirmung der Pilgrime bestimmte. – Dass sich Gott erbarme! sagte die Ritterin, wiewohl in Gedanken, die den Worten zuweilen erlauben, aus der Schule zu laufen.*
Auf Secunda, *fuhr der Ritter nach einer Weile fort, saßen die Kapläne und Priester des Ordens zum Gottesdienste; denn wenn gleich die Ritter allerdings Geistliche sind, so können sie doch vom Adjectivo geistlich das Substantivum Ritter nicht trennen. Sie richteten weltliche Sachen geistlich: – es waren Nothtäufer.*
Auf Tertia *saßen die Brüder Unteroffiziere und Gemeinen, die zwar unadelig waren, indes doch alle Fähigkeit hatten, im Kriege todt zu schlagen und sich todt schlagen zu lassen; als in welche Klasse er zu seiner Zeit den Hofmeister anzuwerben nicht abgeneigt schien, der indes sich leicht auf Secunda schwingen könne. Diesem heiligen Drei fügte er noch Eins (überhaupt waren ihm die Dreien sehr geläufig) hinzu, indem er die Ordensregel die Regula de tri nannte, welche der Orden sich eigen gemacht, nachdem er zuvor seine Rechnung bloß nach den gemeinen fünf Speciebus geführt hätte. Und nun ließ sich unser Ritter in Malta bei dem Großmeister (er nannte ihn Großherrn) melden, wünschte ihm eine frohe Abenddämmerung und condolirte von Herzen, dass Se. Allerhöchstwürden Großmeister des Hospitals zu St. Jerusalem hießen, obgleich Jerusalem, wiewohl bloß wegen der gräulichen Sünden der Juden, sich noch jetzt in türkischen Händen befände, und dass er den erhabenen Namen Guardian der Armeen Jesu Christi führe, wenn nicht schon bekannt sey, ob, wo,*

1. *Die Ritter*, welche durch adlige Geburt und erprobte Tapferkeit zur Führung der Waffen berechtigt wurden, ohne jedoch bei der Waffenruhe die Pflege und Wartung der Pilgrime zu versäumen.
2. *Die Kapellane*, welche außer ihren Pflichten als Geistliche, auch noch die Verbindlichkeit hatten, im Krieg das Amt eines Feldpredigers und im Frieden das eines Almoseniers zu verwalten; sie hießen: *Johannes-Priester* oder *Ordens-Presbyter*.
3. Die dritte Klasse waren die so genannten *dienenden Brüder*, Serventi d'armi, sie taten gleichfalls Kriegsdienste und besorgten außerdem die Kranken und Pilger, sie taten gleichsam die ritterlichen Knappendienste und spielten bald, wie auch die Geistlichen, eine untergeordnete Rolle. Als der Orden reich und mächtig wurde, fanden sie eine sehr zahlreiche Aufnahme. Obwohl sie weder Ritter, noch Priester waren, so fand doch vor ihrer eigentlichen Aufnahme eine gewisse Observanz statt. So mussten sie vier Karawanen, jede von sechs Monaten tun. In den Kämpfen gegen die Ungläubigen haben sie sehr wesentliche Dienste getan, weshalb ihnen auch schon sehr früh gewisse Komtureien zu ihrem Nutzen ausgesetzt waren. Bisweilen wurde der Zudrang zu dieser Klasse so stark, dass die Aufnahme periodisch ausgesetzt werden musste.

Raymund gab dem Orden bestimmte Statuten, die im Laufe der Jahrhunderte nach den Anforderungen der Zeit und der Bedürfnisse revidiert und verändert wurden; sie waren im Allgemeinen denen der Tempelherren ähnlich, weniger streng und dem Hauptinhalt nach etwa folgende.

- Jeder Bruder, welcher in den Orden treten will, soll die drei kanonischen Gelübde halten: Keuschheit, Gehorsam und Armut, d. h. kein Eigentum haben.
- Jeder Bruder soll die Kranken, welche in das Ordenshaus aufgenommen werden, mit aller Sorgfalt und Milde, pflegen, nach den Einkünften des Hauses halten und herrlich bedienen.
- Alle und Jeder, dafern sie nicht durch Krankheit oder Altersschwäche verhindert sind, sollen gegen die Ungläubigen zu Felde ziehen und die Feinde der Christenheit mit Kraft und Wissen bekämpfen.
- Die Brüder müssen der Gerechtigkeit und Tugend dienen, die Unterdrückten beschützen, die Witwen und Waisen verteidigen und vor allem gegen

---

und in wie weit nur eine einzige von diesen Armeen, die himmlischen Heerschaaren ausgenommen, ein Lager aufgeschlagen habe."
Quelle: Theodor Gottlieb von Hippel: Kreuz- und Querzüge des Ritters von A bis Z. Zwei Theile, Theil 1, Leipzig 1860.

die Heiden und Mohammedaner kriegen, sie verfolgen, gleichwie die Makkabäer gegen die Feinde Gottes getan.

- Sie sollen sich des Gottesdienstes befleißigen und außer den sieben Horen täglich noch einhundertundfünfzig Paternoster sprechen.
- Zu bestimmter Zeit sollen sie fasten und im Jahr drei Mal das heilige Sakrament der Beichte und des Abendmahls empfangen, nämlich Ostern, Pfingsten und Weihnachten.
- An den vorgeschriebenen Tagen sollen sie an den Prozessionen, einer nach dem anderen, wie sie in dem Orden aufgenommen sind, teilnehmen, Gott um Frieden und Eintracht in der Christenheit anrufen, und darauf für den Großmeister und die sämtlichen Ritter bitten.
- Bei der gemeinschaftlichen Tafel soll der Lektor aus einem erbaulichen Buch vorlesen.
- Jeder Bruder soll mäßig, nüchtern und einfach leben, das Ordenshabit, nämlich das schwarze Gewand, auf dessen linker Seite das weißleinene Kreuz mit acht Ecken befestigt ist, beständig tragen und niemals ohne dieses Zeichen des Ordens.
- In Kriegszeiten sollen die Ritter statt des schwarzen Ordenskleides (Sutane) einen roten Waffenrock, über welchen sowohl auf der Brust, als auf dem Rücken in ganzer Länge das Kreuz hinweggeht, zur Bekleidung haben.
- Wer in den Orden aufgenommen zu werden begehrt, soll rein und ohne Makel an Blut, Körper und Leben sein, er muss von adligem und christlichem Herkommen, auch in gesetzlicher Ehe erzeugt und geboren sein, daher er sich auch anheischig machen muss, seinen Adel von acht Ahnen (vier von beiden Eltern) zu beweisen.[6]
- Niemand soll aufgenommen werden, der schon einem anderen Orden angehört, hörig oder Leibeigen ist; ebenso wenig Jemand, der von Maranen, Juden, Sarazenen und Mohammedanern abstammt, auch selbst wenn er ein Fürstensohn wäre.
- Die Aufnahme in den Orden bedingt wenigstens das dreizehnte Jahr, geraden, starken und abgehärteten Leib, adligen Sinn und Sitten.
- Die Brüder sollen sich keinem Menschen auf Erden mit einem Eid verpflichten; auch keine Kriegsschiffe ohne Wissen des Meisters bewaffnen.

---

[6] In späteren Zeiten wurden zwar auch Ritter unehelicher Geburt in den Orden aufgenommen, aber nur Söhne von Fürsten oder hohen Herren, mindestens eines Grafen und von einer frei geborenen Mutter; sie konnten auch nie zu den hohen Ämtern des Großmeisters, Großpriors und Heermeisters gelangen.

- Wenn christliche Fürsten unter einander Krieg führen, so sollen sie parteilos bleiben und Alles verwenden, um sie zu versöhnen.
- Die Übertretung der Gesetze soll mit zeitlichen und ewigen Strafen belegt sein. Die Ordnung des Ranges soll beobachtet werden in der Kirche, im Kapitel und an der Tafel, so wie ein Jeder nach dem anderen in den Orden gekommen. In den Tagen der Versammlungen und bei dem jedesmaligen General-Konvent, so man auf die Quatember zu halten pflegt, soll die Ordensregel im Beisein aller Brüder laut und vernehmlich vorgelesen werden etc.

Das weiße Kreuz auf der linken Seite des Kleides mit geraden Balken wurde in ein gleichfarbiges mit acht Ecken oder Spitzen, zum Sinnbild der acht ritterlichen Tugenden umgebildet. In den Kriegen trugen die Ritter eine glänzende Rüstung, darüber den roten Waffenrock und Kriegsgürtel mit einem silberfarbigen geraden Kreuz. Die Purpurfarbe stellt sinnbildlich die Erhabenheit ihrer Würde und das Blut zum Siegel ihrer Gelübde vor, welches sie für den Glauben zu vergießen bereit sein sollten.
Die glänzende Kleidung, der Ruf der hohen Kriegstaten der Johanniterritter, insbesondere die kriegerische Richtung der Zeit mit ihrem Hang zu Abenteuern und zur Romantik veranlasste die edelsten Jünglinge und Männer aller Länder Europas in den Johanniter-Orden zu treten. Ganze Rittervereine weihten ihre Schwerter dem Ordensdienst, verbrüderten sich durch das Band der Gelübde von Neuem, und schwuren Mühe und Gefahr, Ruhm und Beute miteinander zu teilen, keinem Feind der Christenheit zu weichen, und für Gottes heiliger Erde kämpfend zu siegen oder zu sterben. Unter solchen Umständen wuchs die Zahl der Ordensglieder so heran, dass schon *Raymund du Puy* dieselben nach der Verschiedenheit der Nationen, von welchen sie abstammten, einteilen musste. Dies ist der Ursprung der so genannten *Zungen* im Orden, welche Benennung von Lingua Zunge, Sprache herstammt, indem die Sprachverschiedenheit den Maßstab zur Einteilung lieferte. *Solcher Zungen* oder Haupt-Nationen gab es im Johanniter-Orden acht:

1. Die von Provence,
2. Von Auvergne,
3. Frankreich,
4. Italien,
5. Aragonien nebst Katalonien oder Navarra,
6. Kastilien nebst Portugal,
7. *Deutschland*
8. Und England.

Jede dieser acht Zungen hatte einen aus ihr gewählten Vorsteher oder *Prior* (Balivi conventualis), die wieder zusammen den geheimen Rat des Großmeisters bildeten; außer dem Konvent waren die Prioren die höchste Behörde, indem ein jeder derselben den Geschäften seiner Provinz vorstand.
Damit aber bei der Wahl der Großwürdenträger keine Nation übergangen würde, so war durch ein Gesetz festgestellt, dass gewisse Dienstleistungen nur von Rittern dieser oder jener Zunge versehen werden konnten; dadurch entstanden gleichsam Erbämter in den verschiedenen Zungen, deren Inhaber zugleich der Vorsteher derselben war. So war der Prior oder Großkomtur der Provence der Schatzmeister des Ordens, der von Auvergne Marschall und im Krieg Anführer, der von Frankreich Oberspittler oder Großhospitaliter, der der italienischen Zunge Großadmiral, von Aragonien Ordensbrazier, d. i. Vorsteher der Haushaltung, von England Oberseneschal, von Kastilien Großkanzler. Die *deutsche* Zunge, welche Deutschland oder das deutsche Reich begriff, nämlich: Böhmen, Mähren, Österreich, Schlesien, Ungarn, Darien, Dänemark, Schweden und die anderen nördlichen Länder begriff, stand unter dem *Groß-Ordens-Bailki*, oder dem *Groß-Prior*, welcher außer der Aufsicht über die Festungswerke und dem Stadtkommando von Jerusalem, das Inspektorat über die Insel Gozzo und das Kastell St. Pietro in der Levante, so wie das Präsidium in der Zungen-Versammlung führte.
Jedes Priorat umfasste gewöhnlich vier Kommenden[7] oder Komtureien. Die Verwaltung der Komturei hatte ein Ritter, so dass dieser mehrere Ritter zu unterhalten hatte. Die Verwaltung wurde auf Administration und auf gewisse oder ungewisse Zeit erteilt, z. B. auf zehn Jahre oder auf Kündigung zu jeder beliebigen Zeit. Alle fünf Jahre wurden Visitationen vorgenommen, schlechte Wirtschafter wurden entsetzt, gute Wirte bekamen dann wohl bedeutendere Kommenden. Dieser klugen Vorsicht hat der Orden die Erhaltung und stete Verbesserung seiner Güter zu danken. Über den Prioren standen die Ballivi capitulares, deren Balleien auch aus etlichen Kommenden zusammengesetzt waren, die keine eigene Jurisdiktion hatten und verpflichtet waren, bei den Provinzial-Kapiteln zu erscheinen.
Hiervon machte die Ballei oder das Heermeistertum Brandenburg eine ganz besondere Ausnahme. Sie war von den Ordensballeien in den anderen Zungen dadurch unterschieden, *dass sie 10 andere Kommenden in sich begriff*, und

---

[7] Unter diesem Namen wurden alle Ordensgüter verstanden. Über den Ursprung des Namens Commendas conf. statuta ord. S. Johann. Hierosol V. Kap. 1.: Verum cum in communi (praedia aliusque proprietates) administrari non posset proter locorum distantiam et dissidentiam nationum majores nostri ea veritim fratribus per partes regenda *commendarunt, unde nomen commendarum* sumpserunt, impositis annuis pensionibus, quo augerentur et innuerentur prout rei et tempori, hoc est necessetali convenire visum est.“

nebenbei mit besonderen Rechten versehen war, welche anderen Balleien fehlten. Zahlte sie gleich die ihm von alters her aufgelegten Responsgelder an das Großpriorat über Deutschland, durch welches sie nach Malta abgeführt wurden, so kann es uns im Lauf unserer Darstellung doch nicht entgehen, dass das Heermeistertum Brandenburg sich schon früh ziemlich unabhängig bewegte. Es führte den Titel: Heermeistertum in der Mark Brandenburg, Sachsen, Pommern und Wendland mit der späteren Ordensresidenz Sonnenburg. Nach den Baillis folgten im Rang die Commendatores oder Komturen, welchen die Verwaltung der Ordensgüter anvertraut war, wovon sie jährlich gewisse Gelder, Responsiones, an die Kasse des Großmeisters abzuliefern hatten. Alle bisher genannten Großwürdenträger des Johanniter-Ordens trugen außer dem weißleinenen Kreuz ein goldenes, ziemlich großes Kreuz am Hals.[8] *Die Ritter wurden nur aus einer der acht Zungen* gewählt und wurden zufolge ihrer Geburt Cavalieri die Giustizia, oder wenn sie ohne genügende Beweise adliger Geburt wegen ihrer Verdienste in den Ritterstand erhoben und in den Orden aufgenommen waren, Cavalieri die Grazia genannt. Während die übrigen Zungen den Nachweis von acht Ahnen, d. h. vier von väterlicher und vier von mütterlicher Seite, machte es die deutsche Zunge sich zum Gesetz, deren statt acht, sechzehn mit Helm und Schild erst als vollgültige Probe anzunehmen.

---

8 *Sämtliche Inhaber dieser Würden, die Ballivi conventuales, trugen (nebst den Prioren und Baillis) ein größeres Kreuz als die Ritter, daher ihr Name Großkreuze. Quelle: Meyers Großes Konversations-Lexikon. Leipzig 1905-1909, Band 10, S. 287-291. (D. V.)*

3. Geschichte des Johanniter-Ordens bis zu seiner Vertreibung aus Palästina 1292

Wir nehmen hier den Faden unserer Geschichte des Ordens wieder auf und bemerken zunächst, dass ihnen fast von allen Fürsten Europas die ansehnlichsten Vorteile und Freiheiten gewährt wurden. Auch Papst *Hadrian* begünstigte den Orden auf alle Weise. So wurde z. B. der Patriarch von Jerusalem, der in einem Alter von hundert Jahren die Reise nach Rom antrat, um sich gegen die Hospitaliter bei dem Papst wegen vorenthaltener Zehnten und Aufnahme von exkommunizierten Christen und wegen der prächtigen Ordensgebäude vor der Auferstehungskirche zu Jerusalem zu beschweren, nicht nur abgewiesen, sondern die Ritter auch von der Gerichtsbarkeit des Patriarchats losgesprochen. Kaiser *Friedrich Rothbart* fügte 1185 noch das Privilegium bei, dass der gesamte Orden unter des Reiches Schutz und Schirm genommen, und dass seine Mitglieder und Güter von allen Steuern, Diensten, Zöllen usw. für frei erklärt wurden. Ja, Papst *Anastasius* gab den Johannitern, nachdem sie das Meiste zur Eroberung der äußerst festen Stadt Askalon beigetragen hatten (1153), die Freiheit der ungehinderten Ausübung des Gottesdienstes an Orten, die mit dem Interdikt[9] belegt waren, und die Erlaubnis, in allen ihren Besitzungen Gottesäcker anzulegen und Kirchen zu bauen, sowie ihre verstorbenen Brüder daselbst mit allen gebräuchlichen Zeremonien zu beerdigen, ohne sich an das darauf liegende Bann-Interdikt, von wem es auch herrührte, zu kehren.

---

[9] *Interdikt (lat. ‚Untersagung'), im katholischen Kirchenrecht soviel wie Verbot gottesdienstlicher Handlungen (auch ‚Bann' genannt). Ein solches wurde in früheren Zeiten öfter in Ansehung eines bestimmten Bezirks erlassen (interdictum locale); nach dem Umfang des letzteren, und je nachdem dadurch ein ganzes Land, eine Provinz, eine Stadt oder nur eine einzelne Kirche betroffen wurden, unterschied man zwischen Interdictum generale und particulare. Nach einem derartigen Verbot durfte im Mittelalter kein Gottesdienst gehalten, durften mit Ausnahme des Bußsakraments und der Wegzehrung an reumütig Sterbende keine Sakramente gespendet und kein christliches Begräbnis gewährt werden. Dieses Interdikt war in den Händen der Päpste eine furchtbare Waffe gegen die weltlichen Fürsten in einer Zeit, in der das Interesse an der Kirche und ihren Instituten noch das ganze Leben beherrschte, so dass das Volk eine Sistierung des Gottesdienstes und der ganzen darauf bezüglichen Verhältnisse selten lange zu ertragen vermochte. Gegenwärtig ist das Interdikt, das übrigens schon seit dem 12. Jahrhundert vielfach gemildert wurde, außer Gebrauch. Dagegen wird es als sogen. Interdictio ingressus in ecclesiam heutzusage noch gegen einzelne Geistliche zur Anwendung gebracht, indem es den dadurch betroffenen Geistlichen an der Vornahme gottesdienstlicher Handlungen in der Kirche verhindert. – Im römischen Recht ist Interdictum soviel wie Verbot, besonders aber ein vom Prätor auf Antrag einer Partei an eine andere erlassener gebietender oder verbietender Befehl. Der Interdiktenprozeß war eine durch Raschheit ausgezeichnete Form des römischen Zivilprozesses. Quelle: Meyers Großes Konversations-Lexikon. Leipzig 1905-1909, Band 9, S. 882-883.*

Fast gleichzeitig (1125) wurde in Jerusalem ein zweiter priesterlicher Ritterorden, der *Tempelritter*-Orden gestiftet. König *Balduin II.* räumte ihnen eine Wohnung in einem Teil des königlichen Palastes ein, welcher neben dem *Tempel Salomos* war, weshalb sie: „Fratres militiae templi", Tempelherren, Templer oder Tempelritter hießen. Durch ihre unbezähmbare, mörderische Tapferkeit – wie flohen die Ungläubigen vor den weißen Mänteln der Templer! – begannen sie noch mehr, als die Johanniter die Augen Aller auf sich zu ziehen. Beide Orden waren nun die Stütze des neuen Königreiches; sie wurden immer reicher und mächtiger, und konnten bald ihre Wirksamkeit so weit ausdehnen, dass sie Ritter und Kriegsknechte in Sold nehmen konnten. Doch wurden beide Ritterorden durch die unermesslichen Schenkungen stolz und übermütig.[10] Tapfer blieben die Orden stets, aber da sie bald ihre selbständige und selbstsüchtige Politik verfolgten, so ist es auch nicht zu leugnen, dass eben diese Ritter die Anstifter oder wenigstens die Teilnehmer aller Streitigkeiten im heiligen Land waren.[11] Doch dürften wir es auch nicht verhehlen, die feldschuckischen Türken waren ein tapferes Volk und die Christen und mit ihnen die Johanniter-Ritter erlitten nicht selten bedeutende Niederlagen. Endlich 1160 starb der in vieler Hinsicht ehr- und ruhmwürdige Großmeister des Hospitals, *Raymund du Puy*, in einem Alter von fast achtzig Jahren.
In den nächsten elf Jahren waren Großmeister des Ordens im heiligen Land:

Augerius von Balben	bis 1163,
Adolph von Comps	bis 1167,

[10] König Heinrich III. sagte dem Großmeister ins Gesicht: „Vos Praelati et Religiosi, maxime tamen Templarii et Hospitalarii, tales habetis libertates et Chartas, quod superfluae possessiones vos faciunt superbire, et superbientes insanire. Revocanda igitur sunt prudenter, quae imprudenter sunt concessa, et revocanda consulte, quae inconsulte sunt concessa," cf. Matth. Paris ad. annum 1252 p. 854. Papst Gregor IX. schrieb (Ruinald, a. a. 1238) ähnliches an den Großmeister Bertram von Paris: „Dolemus et turbati sumus, quod, sicut intelleximus, Vos meretrices in vestris casalibus sub certis appactionibus retinentes incontinenter vivetis etc."

[11] Kaum glaublich, aber nichtsdestoweniger verbürgt ist folgender Vorfall: der Orden war mit dem Patriarchen immer noch wegen des Zehnten im Streit. Wenn nun der Patriarch im Tempel des heiligen Grabes auftrat und predigte und Ablass erteilte, so ließ der Großmeister im Hospital alle Glocken so stark läuten, dass niemand des Patriarchen Stimme vernehmen konnte. Als ihm der Patriarch Vorstellungen machte, antwortete der Großmeister mit Drohungen, die er nur zu bald in Erfüllung setzte. Eines Tages (incredibile dictu), als viele Christen in der Kirche des heiligen Grabes versammelt waren, drangen die Hospitaliter bewaffnet in dieselbe ein, wie in eine Räuberhöhle und schossen Pfeile unter ihre Mitbrüder. Man sammelte diese Geschosse und hing sie zum Denkmal dieser verruchten Tat, in einem Bündel zusammen gebunden, am Kalvarienberg auf, wo sie noch in späteren Jahren gesehen wurden.

Gilbert von Sully oder *Assaly*	bis 1170 und (Gilbert von Sully kam aus England.)
Castius oder *Gasto*	bis 1171; die Kämpfe mit den Ungläubigen dauern unter wechselndem Kriegsglück fort, die Macht und das Ansehen der Johanniter-Ritter bleibt aber in beständigem Zunehmen.
Joubert oder *Jasberto*	von 1171 bis 1179 folgte als Großmeister *Joubert*.

Abbildung 3 – Tempelritter reitet gegen ‚Ungläubige'.

Was für ein Ansehen sich die ritterlichen Orden im Morgenland erworben, geht daraus hervor, dass dem *Joubert* und dem Großmeister der Templer, *Odo von St. Amand* bei der Abwesenheit des Königs die Reichsverweserschaft vom Königreich Jerusalem übertragen wurde. Um diese Zeit 1173 wurde *Jussuf Saladin* Herrscher der Ungläubigen. Über die großen Eigenschaften dieses Mannes sind auch die christlichen Geschichtsschreiber einig. Er war tapfer, gerecht, wohltätig, edelmütig, ein Freund und Beförderer der Wissenschaften. Seine Herrschaft erstreckte sich bald von Kairo bis nach Aleppo, und umschloss im Halbkreis den schmalen Küstenstrich des Reiches von Jerusalem; einen gefährlicheren Gegner konnten die morgenländischen Christen nicht erhalten. Bald belagerte er Askalon. Aber unter dem Schleier einer dunklen Nacht machten die Christen auf den sorglosen Feind einen Ausfall, brachten alles in Verwirrung und warfen die ganze Armee der Ungläubigen zu Boden. Aber *Saladin* sammelte die Trümmer seines Heeres und stand schon früh um acht Uhr den Christen kampfgerüstet gegenüber. Sein Heer bestand aus 26.000 leichten Reitern, außer denen, welche auf Kamelen und großen

Streitrossen ritten. Das christliche Heer zählte nur 370 geharnischte Ritter, zur Hälfte Johanniter und Templer. Zwar widerstanden die Ungläubigen dem ersten Angriff mit Mut und Entschlossenheit, bald aber vermochte *Saladin* die gesprengten Glieder nicht mehr zu halten, sie lösten sich in die wildeste Flucht auf und eine völlige Niederlage erfolgte. Ein Waffenstillstand machte auf einige Zeit dem Krieg ein Ende.

Unterdessen starb der ruhmwürdige Großmeister *Jaubert* und ihm folgte bis 1187 *Roger des Moulins*. Unter ihm kam die längst im Stillen genährte unselige Zwietracht der Johanniter und Templer zum Ausbruch. Mit stillem Ingrimm hatten die ersteren das schnelle Wachstum der letzteren gesehen, die ihnen so oft hemmend in den Weg getreten waren, Ehrgeiz und Herrschsucht vollendeten das Übrige, Hass und offene Feindschaft waren die Folge.

Diese und andere Zwistigkeiten unter den christlichen Häuptern benutzend, hatte *Saladin* den Krieg von neuem begonnen und war am 1. Mai 1187 vor St. Jean d'Acre gerückt, welches die Johanniter besetzt hatten. Mit ungestümem Stolz forderte er sie zur Übergabe auf. Allein der Großmeister antwortete kühn und entschlossen: „Die Johanniter sind nicht gewohnt, Städte zu überliefern, die ihrem Schutz anvertraut sind, sondern mit dem Schwert den Frevel der Ungläubigen zu bestrafen und mit Ehre und Ruhm zu siegen oder zu sterben."

Eine gleiche Entschlossenheit ergriff die ganze Einwohnerschaft, die ihr Schicksal, Tod oder Sklaverei, wohl kannte. Mit Feuer und Schwert dringen sie in einer finsteren Nacht ins feindliche Lager. Bald loderten die Zelte in Flammen auf und ein furchtbares Blutbad begann. Doch war die Übermacht der Ungläubigen zu groß, der Großmeister wurde von *Saladins* eigener Hand getötet, doch dauerte der Kampf fort, und erst Erschöpfung von beiden Seiten endigte denselben. Der Sieg war unentschieden, doch verließ *Saladin* zuerst das Schlachtfeld.

Guarin von Soria, der auch in der Schlacht sofort den Oberbefehl übernommen hatte, wurde nun Großmeister, nachdem er schon eine lange Reihe von Jahren Groß-Prior von England gewesen war. Sein erstes Geschäft war, die erschöpften Kräfte des Ordens wieder herzustellen. Er zog alle in den umherliegenden Burgen und Ordenshäusern zerstreuten Ritter zusammen, ersetzte die Gefallenen durch neue Aufnahmen und war überall bemüht, den Unternehmungen des Feindes mit Besonnenheit und Nachdruck zu begegnen. Hierauf lieferte *Saladin* am 4. Juli 1187 den Christen bei Tiberias eine große Entscheidungsschlacht; sie wurden gänzlich geschlagen, der König *Guido* und sein Bruder, der Großmeister der Templer und viele andere Ritter wurden gefangen, der Johanniter-Großmeister hatte sich, nachdem alles bereits verloren war, mit Löwenmut durch die Feinde durchgeschlagen und erreichte glücklich Askalon, starb aber nach wenigen Tagen an seinen unzähligen Wunden. Hierauf ergaben sich Sidon, Joppe, Akkon und andere Städte, Festen und Burgen; endlich am 3. Oktober auch Jerusalem, nachdem sich die Stadt 14 Tage tapfer verteidigt hatte; aber Angriff auf Angriff war erfolgt, bis endlich der Sultan der Königin, dem Adel und allen Rittern freien Abzug gestattet hatte. Die übrigen Bewohner sollten ein Lösegeld bezahlen, 10 Goldstücke für einen Mann, 5 für die Frau und 1 für das Kind. Den Armen bewilligte er freien Abzug, verteilte noch 200.000 Goldstücke und ließ auch noch die in den Schlachten Gefangenen umsonst los, als ihre Weiber und Kinder ihn darum anflehten. Den Hospitalitern, von deren menschenfreundlichen Anstalten er Kenntnis genommen, erlaubte er aus freiem Antrieb, sich noch ein ganzes Jahr bis zur völligen Genesung ihrer Kranken in Jerusalem aufzuhalten, denn auch als Feind pries er diesen erhabenen Mut der Menschenliebe. Doch hatte er die im Kampf bei Tiberias gefangenen Johanniter- und Tempel-Ritter ermorden lassen. Der Halbmond schaute nun von der Burg Davids herab und heidnische Paniere flatterten auf allen Türmen und Zinnen der Stadt. Jetzt war es auch, wo die *Schwestern des heiligen Johannes* Palästina für immer verließen und zu Siena in Spanien, zwischen Saragossa und Lerida ein eigenes Kloster gründeten. Bald entstanden mehrere solcher Klöster in Spanien, Frankreich und Italien; sie hießen: Dames de l'ordre de St. Jean und mussten fast noch schwerere Adelsbeweise beibringen als die Ritter. Ihre Hauptbeschäftigung bestand darin, für den Orden zu beten.

Großmeister war inzwischen *Ermengard von Aps*, der den Hauptsitz der Johanniter nach Margat, einem in Phönizien am Meer gelegenen Felsenschloss, verlegte, von wo aus die Johanniter an der vom König *Richard Löwenherz* von England und *Philipp August* von Frankreich unternommenen Eroberung von Ptolomais den tätigsten Anteil nahmen und sich dann auch in Ptolomais selbst niederließen. Hier starb auch der Großmeister, dem der schlaue *Gottfried von Duisson*, von 1192 bis 1201, folgte.

Es ist bekannt, dass der dritte Kreuzzug an dem Tod Kaisers Friedrich Rothbart in Kleinasien und der Uneinigkeit der Könige von England und Frankreich scheiterte. Die folgenden Großmeister waren:

Alfons von Portugal	bis 1204;
Gottfried le Rat	bis 1207;
Guerin von Montaigu	bis 1230, unter ihm erwarb Kaiser Friedrich II. von Deutschland wieder durch gütlichen Vertrag (1229) Jerusalem, Bethlehem und Nazareth, indem

unter den Nachkommen *Saladins* große Thronstreitigkeiten ausgebrochen waren. Dann folgte als Großmeister

Bertrand von Texis bis 1240 und auf diesen

Guerin bis 1244.

Unter ihm nahm der ägyptische Sultan die türkischen Banden der Chowaresmier[12] in Sold, welche damals die Gegenden zwischen Euphrat und Tigris plündernd durchstreiften. Diese eroberten zuerst Tiberias, drangen verheerend bis Jerusalem vor, nahmen nach kurzem Widerstand die heilige Stadt ein, mordeten die Bewohner, zerstörten das heilige Grab, öffneten die Grüfte der Könige und verbrannten die Gebeine, welche sie fanden. Die beiden Ritterorden taten Wunder der Tapferkeit und kämpften unermüdlich fort, bis sie von der Übermacht überwältigt, fast alle den Heldentod fanden.

Von den Johannitern kamen nur 26 und von den Templern 33 Ritter mit dem Leben davon; beide Großmeister fand man in dem dichtesten Haufen der Feinde unter den Toten.

Bald sammelten sich indessen die Brüder des Hospitals wieder, und wählten in *Bertrand von Comps* ihren sechzehnten Großmeister, einen Mann von tiefer Einsicht und erprobter Tapferkeit. Die Chowaresmier fielen bald nach jenem Sieg in Uneinigkeit, rieben sich untereinander auf und gingen spurlos unter. Schon konnten die Johanniter die Tartaren aus Ungarn vertreiben helfen, und gleich darauf lieferten sie den Turkomanen ein zwar sehr blutiges, aber siegreiches Gefecht auf den Gefilden Palästinas, in welchem jedoch der Großmeister und die tapfersten Ritter ihr Leben verloren. – Ihm folgte von 1243 – 1251 *Peter von Villetride*. Im Jahr 1249 unternahm *Ludwig der Heilige* seinen Kreuzzug gegen Ägypten. Dahin folgten auch beide Ritterorden. Hier erlitt das christliche Heer bei der Erstürmung der Stadt Massur eine schreckliche Niederlage, besonders die beiden Orden, denen der König Feigheit und Treulosigkeit vorgeworfen hatte. Der Ordensmeister mit wenigen Rittern geriet in Gefangenschaft, fast alle übrigen Johanniter-Ritter fanden den Heldentod.

Drei Jahre nach dieser Begebenheit, nachdem sie nichts von dem Schicksal ihres Meisters erfahren hatten, erwählten sie *Wilhelm von Chateauneuf* zu ihrem Großmeister. Unter ihm brach die Zwietracht mit den Templern wieder in lichte Flammen aus, es kam zu einer förmlichen Schlacht, in welcher die

---

[12] Noch einmal versuchte der Okzident einen Kreuzzug. Von den Mongolen gedrängt, waren nämlich die Chowaresmier (das Reich der Chowaresmier lag in Persien und Indien) in Palästina eingefallen, hatten in Verbindung mit dem ägyptischen Sultan el Saleh bei Gaza die Christen geschlagen und 1247 Jerusalem, Gaza und Askalon erobert. 1248–1271). Der Patriarch von Jerusalem und mehrere Bischöfe suchten bei den Bischöfen von Frankreich und England Hilfe und fanden Gehör bei Ludwig IX. der Heilige, König von Frankreich.

Hospitaliter siegten, kaum ein einziger Templer soll übrig geblieben sein, der die Nachrichten in die verwaisten Häuser[13] seines Ordens bringen konnte, und dass sie Verstärkungen aus dem Abendland kommen lassen mussten. Die Johanniter aber erhielten vom Papst das Kloster auf dem Berg Tabor und das feste Schloss Bethania. In demselben Jahr starb *Wilhelm von Chateauneuf.*
Ihm folgte von 1259 bis 1278 *Hugo von Revel*, der den Orden stark reformierte, auf die alte Einfachheit zurückführte und ihm wieder innere Kraft und Stärke verlieh. Doch erlitt er gegen die Sultane von Ägypten mehrfache große Niederlagen und Verluste. Er war es, der vom Papst *Clemens IV.* zuerst den Titel eines *Groß-Meisters* „Magnus Magister“ im Jahr 1267 erhielt, früher hatten sie eigentlich nur den Namen „Meister“.
Unter seinem Nachfolger *Nikolaus* (dem Frommen) *von Lorgue* eroberten die Ungläubigen 1284 die Feste Margat und schleiften sie gänzlich. Zum Andenken an die Feste Margat sollen einige deutsche Johanniter, wie alte Chroniken erzählen, in ihrem Vaterland die Feste Margatheim oder Mergentheim erbaut haben, die lange im Besitze der Johanniter war, aber später, nachdem Heitersheim des deutschen Johanniter-Heermeistertums geworden war, Eigentum und Hauptsitz des deutschen Ritterordens wurde. Indessen wurde die Lage der morgenländischen Christen immer bedrängter, der Geist der religiösen Schwärmerei war vorüber. Vergebens bat der Großmeister der christlichen Fürsten um Unterstützung, nur wenige eiligst zusammengeraffte Scharen, die auf venezianischen Schiffen übergeführt wurden, waren die Frucht seiner Bemühungen. Mit dieser letzten unbedeutenden Streitmacht begab er sich nach St. Jean d'Acre oder Ptolomais, wo sich zwanzig von einander unabhängige Fürsten eingefunden hatten, und in besonderen Quartieren residierten, um wenigstens diesen letzten Platz zu behaupten. Aber im Buch des Schicksals war es anders beschlossen, doch erlebte dies *„der fromme Nikolaus“* nicht mehr, er starb 1288.

---

[13] Über diese Ordensbrüderschaft cf. Matth. Paris ad annum 1259 p. 987. *Wilken*, Gesch. des Templer-Ordens Bd. 1. S. 201.

4. Die Johanniter auf der Insel Zypern 1292 bis 1309

Drei Jahre lang hielten sich die Christen in Ptolomais; ihre Hauptstütze waren die beiden Ritterorden. Im Jahr 1291 rückten die Ungläubigen vor die Stadt, welche der König von Jerusalem verlassen hatte. Da auch der Großmeister der Templer im Kampf gefallen war, so stand der neue Johanniter-Großmeister, *Johannes von Villiers* (von 1288 bis 1294) ganz allein und verteidigte die Stadt Schritt für Schritt. Endlich warfen sich dreihundert Templer mit dem Rest der Johanniter in den Turm des Tempels. Vergebens wurde er unablässig von den Ungläubigen bestürmt, endlich ließ der Sultan den Turm untergraben, dass er unter entsetzlichem Krachen einstürzte und die tapferen Verteidiger unter seinen Trümmern begrub. Nun verließen die übriggebliebenen Johanniter das heilige Land, um welches sie unter einundzwanzig Großmeistern 213 Jahre ritterlich gekämpft hatten und begaben sich nach der Insel Zypern, welche allein noch dem König von Jerusalem geblieben war.
Gastfreundlich nahm sie der König auf und räumte ihnen die offene Stadt Limisso als Wohnort ein. Hierher berief nun der Großmeister alle in den christlichen Ländern zerstreute Johanniter-Ritter zu einem General-Kapitel ein. Dadurch kam der ganze Orden in Bewegung und mit edler Bereitwilligkeit eilten Greise und Jünglinge dahin, nie war ein zahlreicheres General-Kapitel zusammengekommen. Es wurde beschlossen, den Kampf gegen die Ungläubigen ununterbrochen fortzusetzen, aber auch in der Kranken- und Armenpflege unverdrossen fortzufahren. Hierauf rüstete man die Schiffe aus, auf welchen die Ritter gekommen waren, und machte reiche Beutezüge gegen die Ungläubigen und die zahlreichen Korsaren im Griechischen Meer. Dadurch wurde der erste Grund zu der nachmals so bedeutenden Seemacht des Ordens gelegt. Aber auf der anderen Seite erzeugte dies außerordentliche Waffenglück, die reiche Beute und die immer steigende Macht Luxus, Üppigkeit und Verfall der Ordensdisziplin.
An dem folgenden Großmeister, *Udo von Pins*, erhielt der Orden einen Frömmler, der vom Sonnenaufgang bis spät in die Nacht am Fuß des Altars in brünstigem Gebet lag, sich aber kalt und unkundig gegen das Waffenwerk bewies. Die Ritter verklagten ihn daher beim Papst und drangen auf seine Absetzung. Der Papst berief ihn nach Rom, um seine Verteidigung zu hören, aber unterwegs starb der schwache Greis 1296. Sein Nachfolger war *Wilhelm von Villaret*. Unter ihm schlugen die Johanniter den Sultan von Ägypten 1300, eroberten die Stadt Camela, ganz Syrien und Damaskus. Bald darauf wurden die Johanniter in die Unruhen verwickelt, die von den Bewohnern von Zypern gegen den König erregt wurden, und man beschloss, da der König

ungebührlich von ihnen einen Tribut forderte, Zypern zu verlassen und die Insel Rhodos zu besetzen. Doch starb der Großmeister vor der Ausführung dieses Planes 1309.

Abbildung 4 – Johanniter-Konvent

5. Geschichte der Johanniter- (Rhodiser-) Ritter auf der Insel Rhodos von 1309 bis 1522

Unter *Fulko von Villaret*, der von 1309 bis 1323 Großmeister war, nahmen die Johanniter wirklich die Insel Rhodos ein. Sie gehörte damals eigentlich dem byzantinischen Kaiser, allein es hatten sich sarazenische Seeräuber derselben bemächtigt, weshalb sie der Kaiser dem Orden überließ, der sie nach Verlauf einiger Jahre mit den dazu gehörigen zehn kleineren Inseln gänzlich eroberte. Seitdem hießen die Ritter gewöhnlich *Rhodiser Ritter*. Diese Eroberung brachte den Orden auf den höchsten Gipfel der Macht, des Ansehens und Ruhmes, er wurde seitdem ein mächtiger Staatskörper. Rhodos erlangte seine frühere Blüte wieder, Handel und Gewerbe wurden frei gegeben, die Städte und Dörfer wurden neu aufgebaut, die Festungswerke wieder hergestellt. Die Häfen standen der ganzen Welt offen und die Flaggen der Ordensschiffe selbst wehten auf allen Meeren.

Ein anderes Ereignis, welches den Johanniter-Orden so außerordentlich hob, war *der tragische Untergang des Tempel-Ordens* von 1306 bis 1314.[14] Dieser Orden besaß damals gegen 10.000 ansehnliche Balleien, Komtureien, Priorate und Tempelhöfe, meistens in Frankreich. Aus dem Gefühl ihrer Stärke und Größe zeigten sie öfter Widerspruch und Ungehorsam gegen die Regenten. Durch das Streben einiger Mitglieder nach Einfluss in Frankreich, durch den Geist des Geheimnisses und der Verschwiegenheit, der seine inneren Verhältnisse umhüllte und seine Mitglieder zusammenhielt, aber am meisten durch seine Macht und seinen Reichtum war der Orden den Fürsten verdächtig. Man redete von ehrgeizigen Plänen auf den Umsturz aller Throne und auf Errichtung einer europäischen Adels-Republik mit freieren Glaubensansichten. Daher berief der Papst *Klemens V.* auf Veranlassung des Königs von Frankreich, *Philipps des Schönen*, unter dem Vorwand notwendiger Beratung Behufs eines neuen Kreuzzuges, den Großmeister *Jaques de Molay* mit 60 Rittern von Zypern nach Frankreich. Hier wurden diese und alle anwesenden Ritter am 13. Oktober 1307 durch königliche Söldner auf einmal verhaftet und ihre Güter mit Beschlag belegt, dann wurde ein Prozess wegen Ketzerei gegen sie erhoben und durch die schrecklichen Folterqualen Geständnisse ausgepresst von Freveln, die nie im Orden gewesen waren. Noch im Jahr 1310 ließ der Erzbischof von Sens Ritter lebendig verbrennen, die jedes Verbrechen

---

[14] Vgl. dazu auch „Die Geschichte der Templer - Die Geschichte des Ordens und seiner Tempelritter“, von Dr. Wilhelm Havemann, Bohmeier Verlag. (D.V.)

geleugnet hatten; allenthalben in allen Sprengeln verfuhr man so mit diesen Schlachtopfern der Willkür und Habsucht.
Der Papst forderte sogar die Fürsten auf zu gerichtlicher Verfolgung der Templer und teilte dann mit ihnen die Beute. 1314 wurde der Großmeister *Molay* und der Groß-Prior der Normandie *Guido* in Paris öffentlich verbrannt und auf dem Konzil zu Vienne die Güter der Templer den Johannitern zuerkannt, doch konnten diese ihre Anrechte nur an den wenigsten Orten und dann auch nur mit den größten Geldopfern geltend machen. Am längsten behaupteten sich die Templer in Deutschland, wo man sie mild und gerecht behandelte. Wir kommen später noch einmal im Besonderen auf diesen Gegenstand zurück.
Dieser große Zuwachs an Reichtum und Macht war für den Orden mehr ein Verlust als Gewinn. Besonders wurde der bis dahin tapfere und verständige Großmeister von Verderbtheit ergriffen, indem er einen königlichen Hofstaat und Aufwand einführte. Vergebens warnte das traurige Beispiel der Templer, umsonst widersetzten sich die Ältesten des Ordens, die Reize des Genusses waren zu verführerisch und das Betragen des Großmeisters nur gemacht, die jüngeren Ritter in ihren Lastern und Ausschweifungen zu stärken.
Endlich entstand gar eine Verschwörung. *Villaret* flüchtete unter dem Vorwand einer Jagd in das feste Schloss Liedo, worauf er vom Ordensrat entsetzt und *Moritz von Pagnac* an seiner Statt zum Großmeister erhoben wurde. Nun kam die Sache an den Papst, der beide nach Avignon berief; *Moritz von Pagnac* starb unterwegs, aber auch *Villaret* wurde nur auf eine bestimmte Zeit wieder eingesetzt und musste scheinbar freiwillig 1323 abdanken. An seine Stelle kam

Helior von Villeneuve bis 1346 und dann

Theodat von Gazon, genannt der Drachentöter, weil er am Fuß des Stephansgebirges, in derselben Weise wie dies in dem berühmten Gedicht von *Schiller* dargestellt ist, einen Drachen oder Lindwurm tötete. Hierauf folgen:

Peter von Cornillan bis 1355,

Royet v. Pins bis 1365,

Raimund Berengar, Graf von Barcellona bis 1374,

Robert v. Julliac bis 1376 und dann

Johann Ferdinand v. Heredia bis 1396, der einer der größten und würdigsten Meister des Ordens war. Unter ihm wurde im Jahr 1384 der so genannte Heimbachsche Vergleich geschlossen, von welchem später noch einmal die Rede sein wird.

Ihm folgte von 1396 bis 1421 *Philibert von Naillac*, ein würdiger Mann, der an der Schlacht bei Nikopolis gegen *Bajazet* teilnahm, in welcher die Christen so geschlagen wurden, dass außer dem König von Ungarn und dem Großmeister der Hospitaliter niemand entkam, die in einem Fischerkahn über die Donau setzten. Von nun an war stilles, friedliches Wirken der Hauptzweck seiner Verwaltung. Sein Nachfolger von 1421 bis 1437 *Anton von Flavian* hielt unter anderem 1428 ein sehr zahlreich besuchtes General-Kapitel, worin er in feuriger Rede auseinander setzte, dass man der vereinigten Macht der Türken und Perser nur durch Vereinigung aller Kräfte widerstehen könnte. Dann forderte er auf, die jährlichen Responsionen pünktlich einzusenden, ohne welche die Religion, d. i. der Orden, nicht bestehen könnte. Alle Brüder erkannten die Richtigkeit und Wichtigkeit dieser Gründe und bewilligten den Verkauf der Ordensgüter an Weltliche auf Lebenszeit. Endlich wurde auf dieser Versammlung als *Oberhaupt über alle in Deutschland befindlichen Priorate eine neue Würde, die des Großbaillifs oder Großkomturs der deutschen Lande, dessen Sitz zu Heitersheim im Breisgau war, errichtet,* und ihm nicht nur die Aufsicht über alle Komtureien selbst in Böhmen und Mähren, sondern auch der Oberbefehl über das St. Petersschloss in Karino anvertraut. Dieser Großmeister genoss das seltene Glück, durch keinen äußeren Feind beunruhigt zu werden. So glücklich war sein Nachfolger, *Johann von Lastic* (von 1437 bis 1454) nicht. Schon 1440 rüsteten sich der Sultan von Ägypten und der Türkische Kaiser *Amurat* gegen die Rhodisier, aber mutig wurde ein vierzigtägiger Sturm abgeschlagen, viele Schiffe wurden zerstört oder genommen, endlich flohen die Feinde. Diese Heldentat erregte in allen Ländern eine so große Bewunderung, dass aus dem ganzen Abendland Edelleute und Ritter zusammenströmten, um sich aufnehmen zu lassen.

Unter den vier folgenden Großmeistern:

Jakob von Milly	bis 1454,
Peter Raymond Zakoster,	
Johann Baptist Orsini	bis 1476 und
Peter von Aubusson	bis 1503 fiel Wichtiges nur unter dem Letzteren vor.

Nie hat ein Ordensmeister durch persönlichen Edelmut, Tatenlust und Tapferkeit die von ihm gehegten großen Erwartungen so übertroffen, ein ganz neuer Geist kam in den Orden, der auch bald auf die Probe gestellt wurde. Längst schon (1453) war Konstantinopel mit dem ganzen Griechischen Kaiserstaat in den Händen der Türken, die auch über Syrien und Kleinasien herrschten. Natürlich war ihnen die kleine Johanniter-Insel stets ein Dorn im Auge. Jetzt erscholl die Nachricht von neuen Rüstungen der Türken; auf fremden Beistand war nicht zu rechnen, da rief der Großmeister die Brüder aller Länder herbei; sie kamen in großer Menge, mit ihnen viel tatenlustige Ritter und Kämpfer; der Großmeister hatte auch die Vorsicht gehabt, alle Festungswerke in den besten Stand setzen zu lassen. Jetzt ernannte er vier Hauptleute und *den Grafen von Werdenberg, einen deutschen Ritter, der sich als Groß-Prior von Brandenburg nicht geringe Verdienste erworben hatte, zum Anführer der ritterlichen Reiterei*; da erscholl die Nachricht, dass die türkische Flotte 200 Segel stark mit 100.000 Streitern herannahe. Furchtbar und unablässig waren die Angriffe und Stürme der Türken, unbeschreiblich die Tapferkeit und der Heldenmut der Ritter und ihres Meisters, nur mit dem Untergang beider Teile schien der Kampf enden zu wollen. Da ergriff die türkische Flotte Feuer und die Türken selbst ein panischer Schrecken – Rhodos war gerettet; dies war am 23. März 1480.

Abbildung 5 - Kogge

Unter *Aubussons* Nachfolger, *Emmerich von Amboise*, von 1503 bis 1512, verrichteten die Johanniter viele Heldentaten zur See; so erbeutete der Komtur *von Gastinau*, einer der ersten Seehelden des Ordens, die große Karacke, ein Schiff, welches alle Jahre mit den kostbarsten Waren von Alexandrien nach Konstantinopel segelte.

Da beschloss der Sultan von Ägypten die Vernichtung der Seemacht der Ritter mit einem Schlag. Er befahl den Bau einer neuen großen Flotte und ihre Ausrüstung im Meerbusen von Ajazzo; allein kaum erfuhr dies der Großmeister, so ließ er eben jene eroberte erbeutete Karacke[15], die sieben Stockwerke hoch war und mehr als 1.000 Soldaten fasste, vier Galeeren und 18 Linienschiffe ausrüsten, welche nach einem dreistündigen mörderischen Gefecht die Schiffe teils nahmen, teils samt den ungeheuren Vorräten verbrannten und so des Sultans Plan auf lange Zeit hinaus vereitelten.

---

[15] *Die Karácke, ist eine größten Teils veraltete Art großer Schiffe, welche sowohl zum Krieg, als auch zum Handel gebraucht wurden. Sie waren etwas rundlich, unten breit und oben eng, hatten sieben bis acht Böden und konnten bis 2.000 Menschen fassen. Holländ.* Karaak, Kraak *Engl.* Carack, *Franz.* Caraque. *Quelle: Adelung, Grammatisch-kritisches Wörterbuch der Hochdeutschen Mundart, Band 2. Leipzig 1796, S. 1500.*

Nur ein Jahr dauerte die Regierung *Guidos von Blanchefort*; ihm folgte *Fabricio del Carretto* von 1513 bis 1521, der bei dem Kriegsheer die größten Hunde einführte, die den ganzen Tag umher schwärmten, auf ein gewisses Glockenzeichen zum Futter kamen und dann wieder fortliefen, um jeden Türken in Stücke zu reißen, der sich sehen ließ.
Während seiner Regierung bestieg in Deutschland Kaiser *Karl V.* und in der Türkei der kriegerische *Soliman II.* den Thron. Letzterer wünschte dem neuen Großmeister, *Philipp Velliers de L'Isle-Adan* (1521 bis 1534) Glück zu seiner Erhebung und zeigte ihm zugleich an, dass jetzt nach der Eroberung der Festung Belgrad, Rhodos und die Rhodisier-Ritter sein Lieblingsgedanke sei. Wirklich sandte er im Sommer des Jahres (am 24. Juni) 1522 eine Flotte von 400 Segeln mit 140.000 Landtruppen gegen den Orden, der bei einer solchen Übermacht nur 600 Ritter und 4.500 Soldaten entgegenstellen konnte, doch war alles in den besten Verteidigungsstand gesetzt. Nach täglichen Angriffen und Stürmen, die *Soliman* selbst leitete, erfolgte am 17. September ein Hauptsturm, auch er wird mit dem Untergang von 15.000 Türken abgeschlagen, ein zweiter Hauptsturm erfolgt am 22. September, schon waren mehrere Basteien durch Pulverminen in die Luft gesprengt, eine Bresche 24 Stunden lang mit den schwersten Kanonen beschossen, schon kann die heldenmutigste Tapferkeit der immer neu vordringenden Menge der Türken nicht mehr widerstehen, schon verkündet der schauerliche Ton der Sturmglocke die höchste Not und alles schien verloren, da sandte der Himmel unerwartete Hilfe, einen furchtbaren Platzregen, und abermals mussten sich die Türken zurückziehen. Nach mehreren neuen Kämpfen, durch welche die Bewunderung *Solimans* über die beispiellose Tapferkeit der Ritter aufs höchste stieg, kam es zu gütlichen Unterhandlungen, die Ritter erhielten freien Abzug mit ihrer ganzen Habe und auf 50 Schiffen segelten sie ab, nach Kandia zuerst, dann nach Messina in Sizilien, und als hier die Pest ausbrach, gingen sie nach Rom, Viterbo und einigen anderen Städten, bis ihnen Kaiser *Karl V.* unter der Bedingung eines beständigen Kampfes gegen die Ungläubigen die Inseln Malta, Gozzo und Kamino überließ. Dies war im Jahr 1530 und hiermit beginnt eine neue Epoche in der Geschichte der Johanniter, die seitdem auch den Namen *Malteser-Ritter* erhielten.

6. Die Insel Malta, als Ordenssitz der Malteser-Ritter

Bald nach der Einnahme von Malta wehte die Ordensflagge zum Schrecken der Ungläubigen wieder auf dem Meer, und schon konnte der Orden unter dem Großmeister *Pierino del Ponte* (1534 bis 1535) dem Kaiser *Karl V.* auf seinem Zug gegen Tunis vierundzwanzig Schiffe mit vierhundert Rittern, von denen jeder zwei Knappen hatte, zu Hilfe senden. In diesem Krieg zeichnete sich besonders *Georg von Schilling, Groß-Prior von Deutschland*, durch Mut und Unerschrockenheit so sehr aus, dass *Karl* ihm die Reichsfürstenwürde im Jahr 1548 verlieh und diese dem deutschen Johanniter-Meistertum einverleibte.

Auch unter der kurzen Regierungszeit *Dietrichs von St. Jaille* 1535 und 1536 fehlte es an Kämpfen gegen die Ungläubigen nicht. Fast täglich wurden erbeutete Schiffe in den Hafen von Malta eingeführt. Alle diese Unbille zu rächen, sandte *Soliman II.* ganz unvermutet eine ungeheure Flotte von 112 Galeeren und viele andere Schiffe.

Der Großmeister *Johann von Omedes*[16] (1536 bis 1553) war wohl nicht recht auf seiner Hut gewesen, dennoch kämpften die Ritter mit dem gewohnten Heldenmut und die Türken segelten unverrichteter Dinge wieder fort, so dass die stark beschädigten Festungswerke wiederhergestellt und das gleich nachher so berühmt gewordene Fort San-Elmo erbaut werden konnte.

Abbildung 6 - Das Fort 'San Elmo' (rechts oben im Hintergrund).

[16] *Auch ‚Großmeister Juan d'Omedes' genannt.*

Unter dem Ordensmeister *Claudius von Sangle* dauerten die seitherigen Verhältnisse fort (1553 bis 1557), aber mit *Johann de la Valette*, mit dem Beinamen *Parisot*, kam ein Mann an die Spitze der Malteser, der zu den ausgezeichnetsten Männern seines Jahrhunderts gehörte, sein Heldengeist beseelte Hohe und Niedere und unter ihm erreichte der Orden den Kulminationspunkt seiner Größe.
Der türkische Kaiser *Soliman II.* über den oben erwähnten schmachvollen Rückzug seiner Flotte und die fortdauernden Feindseligkeiten der Malteser ergrimmt, beschloss, die Ritter von ihrer Insel zu vertreiben und ihre Festungen der Erde gleich zu machen. Unerhörte Rüstungen wurden im ganzen Reich angeordnet, alle Schiffe bemannt und eine furchtbare Armee zusammengezogen. Inzwischen hatte auch der Großmeister alle Ritter zusammenberufen, sie kamen von allen Seiten mit ihren Wappnern und Reisigen und bei der Musterung zeigten sich ohne die dienenden Brüder etwa 700 Ritter und 9.000 geringere Streiter.
Am 18. Mai 1565 erschien die türkische Flotte auf der Höhe von Malta, sie bestand aus 159 Galeeren und Galiotten und hatte 40.000 Mann der besten Truppen an Bord. Sie landeten und begannen zuerst die Belagerung des Forts San-Elmo; erst am 23. Juli wurde es nach täglich wiederholten Stürmen erobert; es kostete 130 Rittern und 1.300 Soldaten, aber auch 8.000 Türken das Leben. Gleichzeitig wurden auch die anderen Forts belagert und bestürmt, von Tag zu Tag wurde die Belagerung hartnäckiger und mörderischer, eine Mauer nach der anderen wurde von den Geschützen niedergestürzt, Stürme folgten auf Stürme den ganzen Monat August hindurch, aber die Ritter wichen nur Schritt für Schritt und waren fest entschlossen, sich unter den Trümmern ihrer Hauptstadt zu begraben, da kam endlich Hilfe vom Vize-König von Sizilien, 6.000 Mann, und nun hoben die Türken die Belagerung mit so großer Eilfertigkeit auf, dass sie sogar vergaßen, ihre ungeheuren Kanonen mitzunehmen, die so große Verwüstung angerichtet hatten. Vier Monate hatte diese Belagerung, die den Türken 30.000 Menschen kostete, gedauert, und die Welt war erfüllt von dem Ruhm der Malteser und ihres Großmeisters *La Vallette*. Glücklicherweise starb bald darauf *Soliman*.
Die Kämpfe mit den Türken und Barbareskenstaaten auf der Nordküste von Afrika dauerten auch in den folgenden Jahrhunderten fort. Manche Tat kühnen ritterlichen Mutes wurde vollbracht, doch entstand auch häufiger Zwiespalt unter den Rittern, die alte edle Zucht war dahin.
Die Namen der Großmeister von dieser Zeit ab, waren:
Peter von Monte 1568 bis 1572;
Johann l'Evesque de la Cassière von 1572 bis 1581;

Hugo von Loubeux von Verdale's	von 1581 bis 1595;
Martin von Garzes	von 1595 bis 1601;
Alfons von Vignacourt	von 1601 bis 1622;
Ludwig Mendez de Vasconcellos,	von 1622 bis 1623;
Anton von Paulla	von 1623 bis 1636;
Paul Laskaris de Castellar	von 1636 bis 1657; Unter ihm erhielt der Orden einen harten Schlag dadurch, dass durch den westfälischen Frieden 1648 viele deutsche Ordensgüter protestantischen Fürsten zugeteilt wurden; dieser Verlust war umso empfindlicher, da während des ganzen dreißigjährigen Krieges fast alle Einkünfte aus dem deutschen Großpriorat ausgeblieben waren;
Martin von Redin	von 1657 bis 1660;
Annet Clermont von Chattes-Gessan,	der nur drei Monate regierte;
Rafael Cotoner	von 1660 bis 1668;
Nikolaus Cotoner, sein Bruder,	bis 1680;
Gregor Caraffa	bis 1690;
Hadrian de Vignacourt	von 1690 bis 1697;
Raimund Perellos von Roccaful	bis 1720; die ganze Regierungszeit dieses berühmten Großmeisters war eine fortlaufende Kette von siegreichen Taten des Malteser-Ordens;
Marc-Anton Zondarari	bis 1722;
Anton Manuel von Bilhena	bis 1736;
Raymund Despuig	bis 1741;
Emanuel Pinto von Tonscole	bis 1773; unter ihm verschworen sich 1.000 mohammedanische Sklaven, von denen ein Teil an die Ruderbänke geschmiedet war, die anderen aber zu öffentlichen Arbeiten und Privatdiensten gebraucht wurden. Der Großmeister und die Ritter sollten ermordet, das Zeughaus und das Fort St. Elmo besetzt und die Ordensgaleeren in Beschlag genommen werden. Schon war der Peters-Paulstag des Jahres 1749 zur Aus-

führung dieses schwarzen Verbrechens ausersehen, als es am Tag vorher verraten wurde. Sie wurden in der Stille verhaftet, und fast alle, wie sie ihr Verbrechen eingestanden, sogleich gehangen. Der Jude, der die Sache verraten hatte, erhielt als Belohnung ein schönes Haus nebst Zubehör und große Freiheiten für sich und seine Nachkommen.

Übrigens war durch verschiedene glückliche Unternehmungen mehrere Jahre nachher der türkische Großherr so ergrimmt über den Orden, dass er seine endliche Vernichtung beschloss. Er machte die furchtbarsten Rüstungen und in der Tat stand alles zu befürchten. Da übernahm Frankreich die Vermittlung und versöhnte den Sultan 1760. Seitdem waren die Kreuz- und Seezüge der Ritter gegen die Barbaresken meist nur noch bloße Spiegelfechtereien. Die Zahl der Ritter betrug damals wenigstens 3.000. Zehn Jahre später bestand die Flotte des Ordens nur noch aus vier großen Galeeren und ebenso viel Galeotten, aus vier großen Kriegsschiffen von 60, und zwei Fregatten von 36 Kanonen und verschiedenen kleineren Fahrzeugen. Außerdem lag dem Großmeister die Bildung und das Wohl des Ordens sehr am Herzen. Er errichtete ein eigenes Erziehungshaus, eine Buchdruckerei, eine Akademie der Wissenschaften und eine Universität, auch beförderte er den Handel und die Anlage von Fabriken für seidene, wollene und baumwollene Stoffe. Diesem Großmeister folgte der siebzigjährige

Franz Ximenes von Texade, von 1773 bis 1775. Unter ihm brachen wieder viele Empörungen aus, die mit viel Blut gestillt wurden; der Orden verfiel jetzt sichtbar. Da ergriff zum Glück sein kräftiger Nachfolger,

Emanuel Maria, Prinz von Rohan das schwankende Ruder mit Energie und Entschlossenheit. Er hob den Orden wieder zu hoher Macht und Blüte. Zur Zeit der französischen Revolution wurden 1792 alle Ordensgüter in Frankreich als Nationaleigentum mit Beschlag belegt, wogegen bei den dortigen Verfolgungen des Adels viele Ritter ihr Vaterland verließen und in Malta eine Zufluchtsstätte suchten; sie fanden die zuvorkommendste Aufnahme. Die letzte einflussreiche Handlung dieses Großmeisters war, dass der Kaiser *Paul* Ländereien in Russland mit mindestens 300.000 Gulden Einnahme dem Orden übermachte und dass Russland nun zu einem Groß-Priorat erhoben wurde. Dies geschah 1797. Nun wurde

Ferdinand, Freiherr v. Hompesch, Großmeister. Unter allen siebzig Großmeistern ist er der einzige, der, *von Geburt ein Deutscher*, zu dieser hohen Würde gelangt, die mit ihm erlosch.

Es ist bekannt, dass der *General Bonaparte* im Jahr 1798 mit einer Flotte und einem Heer nach Ägypten ging. Hiermit erschien er am 9. Juli vor Malta. *Bonaparte* bat, im Hafen frisches Waser einnehmen zu dürfen. Die Verweigerung entschied Maltas Schicksal. Am anderen Morgen waren die Franzosen auf allen Punkten der Insel gelandet und am 12. Juli hielt *Napoleon* seinen Einzug in La Valette. Der Großmeister war von Verrätern aller Art umgeben, darunter waren selbst Ritter, denen er sein Vertrauen geschenkt hatte, wie der Komtur *Bardonnenche*, der Kommandant über die Artillerie, der Komtur *de Fay*, über die Festungswerke, Komtur *Touzard*, über das Geniecorps, vor allem aber der Prinz *Camilla* und Ritter *Bosredon*; sie hatten durch eine verräterische Kapitulation die Insel übergeben ohne den Großmeister auch nur

gefragt zu haben. So kam die Insel Malta, an der sich so oft der Sarazenen Macht und Stolz gebrochen, die noch jetzt für uneinnehmbar gilt, ohne Kampf in die Hände der Franzosen. Dabei sah sich der Großmeister *von Hompesch* noch mit der rücksichtslosen Härte behandelt und musste Zeuge sein, wie man allenthalben, und selbst in seinem Palast die Wappen und Insignien des Ordens vernichtete. Man hatte ihm ein Jahrgeld von 300.000 Franken und 600.000 Franken für sein Silberzeug und Mobiliar und jedem Ritter ein Jahrgehalt von 800 bis 1.000 Franken versprochen. Er verließ am 18. Juni Malta, um sich nach Triest zu begeben. Hier widerrief er den ganzen Vertrag feierlich, als erzwungen, worauf sich Frankreich auch nicht mehr zur Zahlung der versprochenen Jahrgelder verpflichtet hielt, dadurch geriet er in große Bedrängnis, so dass er sich nach Montpellier begab, um die ihm versprochene Pension einzufordern. Von den aufgelaufenen Rückständen von 2 Millionen Franken erhielt er kaum 15.000, und starb 1803 in der Dunkelheit und Vergessenheit.
Die anderen Groß-Priorate waren mit der Handlungsweise des Großmeisters keineswegs einverstanden gewesen. So hatte der Fürst-Johanniter-Heermeister von der deutschen Zunge zu Heitersheim auf den einhelligen Ausspruch seiner Ritter verlangt: „der Großmeister *von Hompesch* solle sich wegen der Übergabe von Malta rechtfertigen." Die russischen Groß-Priore hielten ein General-Kapitel zu Petersburg und wählten hier den Kaiser *Paul* von Russland zum Großmeister, welcher Wahl die meisten anderen Groß-Priorate beistimmten, nachdem Großmeister *Hompesch* feierlich seiner Würde entsagt hatte. Allein mit dem Tod Kaiser *Pauls* im Jahr 1801 schwanden alle glänzenden Aussichten des Ordens auf Restituierung. Hierauf wurde 1802 einer der angesehensten Würdenträger des Ordens, Prinz *Bartolomäo Ruspoli* und als dieser 1805 abdankte, auch das deutsche Großpriorat zu Heitersheim aufgehoben war, der italienische Graf *Thommasi* und endlich der Bailli *Caracciolo* zum Großmeister gewählt. Der Sitz des Ordens war seither zu Catanea in Sizilien und wurde 1826 mit Erlaubnis des Papstes nach Ferrara verlegt.

Der alte ehrwürdige Johanniter-Orden ist demnach als aufgelöst zu betrachten, denn auch der König von Preußen *Friedrich Wilhelm III* hob im Jahr 1810 die Ballei und das Heermeistertum Brandenburg auf und zog sämtliche Güter als Staatseigentum ein. Dagegen stiftete der König unter dem 23. Mai 1812 einen neuen Johanniter-Orden „zum ehrenvollen Andenken der aufgehobenen Ballei Brandenburg des alten Ordens vom heiligen Johann von Jerusalem". Der König selbst, als Beschützer des Ordens, ernennt die Mitglieder des Ordens, welche nur eine Klasse ausmachen und unbestimmter Anzahl sind. Für keinen Stand, noch gewisses Verdienst ausschließlich bestimmt, wird er als Zeichen für ehrenvolle Dienstleistung oder königlicher Gnade vergeben. Der Adel ist Hauptbedingung, doch wird keine Ahnenprobe mehr verlangt.

Das Ordenskreuz ist bis auf die große Königskrone darüber ganz das alte Johanniterkreuz, golden, achteckig und weiß emailliert. In den vier Teilen sind schwarze preußische Adler mit Kronen und ausgebreiteten Flügeln. Es wird an einem schwarzen Band um den Hals getragen und dabei auf der linken Seite des Kleides dasselbe Kreuz, schlicht und ohne die Adler, meist von weißem Zeug oder von Seide gestickt, der Großmeister trägt beides größer. Zugleich haben alle Mitglieder das Recht, eine Scharlach-Uniform mit weißem Kragen und Aufschlägen, goldenen Litzen, weißem Futter, weißen Unterkleidern und goldenen Achselbändern, worauf das einfach weiße Ordenskreuz liegt, nebst gelben Knöpfen und dem weißen achteckigen Kreuz auf der linken Brust zu tragen.

Alle bis zur Auflösung der Ballei Brandenburg wirklich eingekleideten Malteser-Ritter wurden gleich bei der Stiftung dieses neuen Ordens zu Mitgliedern desselben ernannt und behielten ihr Ordenskreuz, wie es gewesen.

Abbildung 7 - Zeichen des Johanniter Ordens in Preußen

7. Von der inneren Verfassung des Johanniter-Ordens

Was wir von der inneren Verfassung, den Statuten und Einrichtungen des Ordens im Verfolge der Geschichte desselben an den betreffenden Stellen gesagt haben, fassen wir mit den notwendigsten vollständigen Ergänzungen nach dem Ergebnis des letzten General-Kapitels im Jahr 1776 zusammen. Es ist im Jahr 1783 auf 162 Folioseiten gedruckt und führt den Titel: *Compendio delle materie contenate nel codice del S. mil. Ordine Gerusalimitano.*

Sein Hauptinhalt ist folgender: Der Orden nennt sich die *heilige Religion* und seinen Sitz *Konvent*. So wie sich der ganze Orden in acht Nationen oder Zungen teilt, deren Oberhäupter *Pfeiler*, Pilieri, heißen, so gehört jeder Bruder zu einer bestimmten Zunge und zu einem bestimmten Groß-Priorat. Die Zungen werden nämlich in *Priorate* und *National-Distrikte*, und diese wieder in *Balleien* oder *Kommenden* eingeteilt. Die Priore berufen ihre Untergebenen ein halbes Jahr nach dem General-Kapitel zu den Provinzial-Versammlungen. Alle fünf Jahre soll der Prior seine Kommenden visitieren. Jedes Priorat hat innerhalb seiner Grenzen einen Ritter zum *Generaleinnehmer*, der vom Großmeister alle drei Jahre ernannt wird. Über die Angelegenheiten ihrer Priorate, Kommenden und Ordensglieder beratschlagte jede Zunge mit Genehmigung des Großmeisters in ihrer Albergia zu Malta. Jedes anwesende Mitglied hat in der Versammlung, deren Vorsteher der Pilieri ist, Sitz und Stimme, doch muss es drei Jahre in Malta Residenz – Aufenthalt – gemacht haben. Alle Geschäfte werden von einem „ordentlichen Rat", Consiglio ordinario, abgetan; dieser besteht aus dem Großmeister, dem Bischof von Malta, den acht Konventual-Baillis, den Groß-Prioren, dem Schatzmeister und Seneschall.

Die gesetzgebende Gewalt ruht auf dem General-Kapitel. Die Ritter holen am Morgen der Eröffnung desselben den Großmeister aus seinem Palast ab und begleiten ihn im feierlichen, wahrhaft fürstlichen Aufzug nach der Ordenskirche; nach beendigtem Hochamt begeben sich alle nach dem Palast in den großen Ratssaal; der Großmeister und die Konventmitglieder im Ordensmantel; ersterer unter einem Thronbaldachin, vierundzwanzig Ritter mit gezogenen Schwertern stehen ihm zur Seite, vor ihm am Fuß des Thrones liegt die große Ordensfahne und die Flaggen der Kriegsschiffe. Die Dauer eines Kapitels ist auf vierzehn gerichtsfähige Tage anberaumt. Solcher gesetzgebenden Versammlungen hat es während des 700jährigen Bestehens des Ordens etwa 60 gegeben.

Die Einkünfte und Ausgaben verwaltete das Schatzamt, dessen Präsident der Groß-Komtur war, und dem zwei Großkreuze zur Assistenz beigegeben wurden. Wo sich der Großmeister, die Hauptkirche, das Hospital und die Albergia befindet, da ist der *Konvent*, den kein Ritter ohne Erlaubnis des Großmeisters verlassen darf. Der Aufenthalt (Residenz) darin ist zur Erlangung eines Kommando oder Würde notwendig. Ebenso muss jeder, der befördert sein will, zwei Karawanen, d. i. Aufenthalt von 6 Monaten auf der Galeere, gemacht und wenigstens einmal in seinem Leben gegen die Sarazenen zu Felde ziehen.

Außer dem gewöhnlichen schwarzen Gewand und dem roten Oberkleid während des Krieges hatten sie noch ein schwarzseidenes Kleid als Feierkleid; dies diente auch als Sterbekleid. Zur Aufnahme in den Orden waren volle sechzehn Jahre nötig, zum Antritt der Karawane achtzehn.

Der Orden hatte auch *Schwestern*, d. h. *Hospitaliterinnen*, besonders in Spanien und Italien, die mit derselben Regel in Klöstern wohnten. Eheliche Geburt, adelige Herkunft und Vermögen waren die Hauptbedingungen ihrer Aufnahme, welche von den Prioren ausgeübt wurde.

Der Großmeister war das gebietende Haupt des Ordens, in welchem sich die höchste Würde und Macht vereinigte und der in dem Rang der europäischen Staaten zwischen den Königen und den Republiken seine Stelle einnahm. Sein Titel war: „Altezza eminentissima", „Ew. Durchlaucht". In Urkunden führt er den Titel: „Bruder, von Gottes Gnaden des heiligen Hospitals zu St. Johann von Jerusalem, des militärischen Ordens vom heiligen Grab und des heiligen Antonius von Vienne geringer Meister und Hüter der Armee Christi". Sein Wappen war ein silbernes, achteckiges Schild im roten Feld, aber mit einer Herzogskrone, aus der ein Rosenkranz um das Wappenschild ging mit einem daran hängenden kleinen Kreuz und den Worten: „Pro fide", für den Glauben; das Geld in Malta wurde mit dem Gepräge des Ordens und dem Familienwappen des jedesmaligen Heermeisters geprägt, die Urkunden in seinem Namen ausgefertigt und mit schwarzem Wachs gesiegelt mit dem Bild des Meisters. Ihm stand das Begnadigungsrecht zu, er verlieh alle Benefizien und Pensionen und bestätigte alle Balliven und Prioren.

Mit diesen Vorrechten genoss der Großmeister ein sehr bedeutendes Einkommen. Er bezog die Einkünfte der Inseln Malta, Gozzo, aus dem Schatzamt 6.000 Rthlr.[17] Tafel- und 2.000 Rthlr. Baugelder, die Zoll- und Mautgefälle,

---

[17] *In diesen Zeiten waren „Reichsthaler" und „Mark" keine eigentlichen Münzen, sondern nur Rechnungsgrößen. Es gab etliche Münzen verschiedenster Herkunft und mit unterschiedlichen Namen, die den (vorgeschriebenen) Silbergehalt im Wert von 1 Reichsthaler hatten. Die Mark war ursprünglich eine Gewichtseinheit. Erst ab etwa 1670 gab es in Lübeck und Hamburg auch Mark - Münzen. Das Umrechnen und Tauschen der Währungen war das Handwerk der Geldwechsler auf den Märkten.*
Ab 1622 war 1 Rthlr. (Reichstaler) = 3 Mark = 48 Schillinge = 576 Pfennige.

den zehnten Teil der Beute-, Strand- und sämtliche Lösegelder der Gefangenen. Außerdem besaß der Großmeister in jedem der 21 Ordenspriorate eine Komturei, die er an einen Komtur verpachtete, oder durch einen solchen verwalten ließ; die deutsche hieß Buch – Buces –. Im Ganzen schlägt man das Einkommen auf 80 bis 100.000 Rthlr. an, wofür er aber natürlich viele Gegenleistungen hatte.

Die anderen *Großwürdenträger*, jeder aus einer Zunge, sind schon früher erwähnt worden; es genügt deshalb eine kurze Zusammenstellung:

1. Der *Großkomtur* (aus der Provence) war gleichsam der Finanzminister oder Präsident der Schatzkammer;
2. Der *Großmarschall* (aus Auvergne), Kriegsminister und Kommandeur der Landtruppen;
3. Der *Hospitaliter* (von Frankreich), Ober-Aufseher aller Wohltätigkeits-Anstalten;
4. Der *Admiral* (für Italien), Befehlshaber der ganzen Seemacht;
5. Der *Gran-Konservator* oder *Drazier* (für Aragonien nebst Katalonien und Navarra) gleichsam der Minister des Innern; sein Titel war: „Kastellan d'Emposta";
6. Der *Torkopolier* (von England), General der Reiterei;
7. Der *Großballei* (aus Deutschland), Ober-Aufseher sämtlicher Festungswerke;
8. Der *Großkanzler* (Kastilien), Minister der auswärtigen Angelegenheiten.

Die *Großschatzmeisterwürde* ruhte auf dem jedesmaligen Bailli von Corbeil, jedoch ernannte jede Zunge einen Ritter als Beisitzer. Der Großkomtur war immerwährender Präsident. Den Sekretär und den rechtskundigen Anwalt zu diesem Amt wählte der Großmeister. Der *Wardein*, ein Ritter, hatte die Aufsicht über die Gold- und Silbergeräte, die Diamanten und Kleinodien des Ordens, welche neben dem großmeisterlichen Palast aufbewahrt wurden. Die kleineren Ämter, als Köche, Kellner, Gärtner, Jäger, wurden meist von dienenden Brüdern verwaltet und gehörten zum Hauspersonal des Großmeisters.

Quelle: www.münzen-lexikon.de, Chronik Jersbek, Seite 63, zitiert nach L.Andresen / W. Stephan S. 380 Anm. 56. (D. V.)

8. Von den Prioraten, Balleien und Komtureien

Jede Zunge oder Nation wurde zunächst in Priorate in Balleien, und endlich wieder in Komtureien oder Kommenden eingeteilt:

1. Die Zunge der Provence umfasste zwei Groß-Priorate:
   a) *St. Giles* mit 54 und
   b) *Toulouse* mit 35 Kommenden;
2. Die Zunge von Auvergne aus
   a) dem *Großpriorat von Auvergne* mit 40 und
   b) der Ballei von Lyon mit 8 Komtureien;
3. Die Zunge von Frankreich bestand aus 3 Großprioraten und 1 Ballei, nämlich
   a) Von *Frankreich* mit 45
   b) Von *Aquitanien* mit 65
   c) Von *Champagne* mit 24 Kommenden;
   d) Die Ballei *Morea*, deren Residenz zu Paris an *St. Jean von Laterne* gewiesen war;
4. Die Zunge von Italien umfasste:
   a) 1 Großpriorat von *Rom*,
   b) 6 Priorate, nämlich
      1. der Lombardei mit 19,
      2. von Venedig mit 45,
      3. von Borletta mit 27,
      4. von Kapua mit 25,
      5. von Messina mit 12,
      6. von Pisa mit 26 Kommenden;
   c) 4 Balleien:
      1. von *St. Euphemie*,
      2. von *St. Stephan*,
      3. von der heiligen Dreieinigkeit von *Benouse* und
      4. zu *Neapel*;
5. Die Zunge von Aragonien besaß:
   a) Das Großpriorat von *Aragonien* mit 29 Komtureien,
   b) 2 Priorate:
      1. *Katalonien* mit 28,
      2. *Navarra* mit 17 Rittern;
   c) die Ballei *Mallorca*.
6. Die Zunge von England, Baiern hatte

a) 1 Großpriorat, *Ebersberg*, und
b) die Ballei *Neuburg* mit 30 Komtureien.

Die englische Zunge ist mit der Reformation erloschen, sie hatte 2 Priorate, das von London und Irland und mit der Ballei Aigle 32 Kommenden; an deren Stelle trat 1782 die Baierische. Die 3 französischen gingen während der Revolution ein; die spanischen waren seit dem Frieden von Amiens davon getrennt; ebenso hatte die italienische durch die neuesten Ereignisse aufgehört. Von der deutschen Zunge werden wir noch besonders reden.

7. Die Zunge von Deutschland:
   a) Das *deutsche* Großpriorat mit 26 Ritterkommenden,
   b) das böhmische Großpriorat mit 7 Priesterkommenden,
   c) die Ballei *St. Joseph in Daschitz* mit 19 Ritter- und 4 Priesterkommenden,
   d) das Priorat in *Ungarn* und
   e) das Priorat von *Dacien*, beide letztere waren Würden ohne Land,
   f) die *Ballei Brandenburg* oder das *Heermeistertum Sonnenburg* mit 6 Ordensämtern und 10 Komtureien,
8. Die Zunge von *Kastilien* hatte 3 Priorate:
   a) Kastilien,
   b) Leon,
   c) Portugal mit 27 Kommenden,
   d) Die Ballei Bovedo mit 31 Kommenden.

Dieses waren zusammen 11 Großpriorate, 13 Priorate, 11 Balleien und 647 Komtureien. Hierzu kamen noch im Jahr 1780 das Großpriorat *Ostroy* in Polen mit 8 ordentlichen und 8 Patronalkommenden.

9. Das deutsche Johannitermeistertum

Das *Groß-Priorat* von *Deutschland*, die *deutsche Zunge*, wurde von dem *Groß-Prior* von *Deutschland*, der auch *Johanniter-Meister* durch *Deutschland* oder *oberster Meister des ritterlichen St. Johanniter-Ordens in deutschen Landen* hieß, verwaltet. Diese Würde war gegründet um 1250 und der Groß-Prior, *Georg von Schilling*, war durch Kaiser Karl V. im Jahr 1548 deutscher Reichsfürst und hatte auf den Reichstagen unter den Fürsten zwischen Ellwangen und Berchtoldsgaden Sitz und Stimme. Das Johannitertum gehörte mit allen Kommenden zu dem oberrheinischen Kreis, in welchem der Johanniter-Ordensmeister gleichfalls Sitz und Stimme hatte. Seine Residenz war das freundliche Städtchen *Heitersheim* im badischen Breisgau, welches der Orden von dem Freiherrn *von Stauffen* hatte, und wo sich auch die Regierung und das Archiv befand. Der Johanniter-Meister wurde deshalb auch gemeinlich der *Fürst von Heitersheim* genannt. Er wurde nicht gewählt, sondern diese Würde ging nach dem Tod des Ordensmeisters jedesmal auf den ältesten Ritter des deutschen Groß-Priorats über, wenn dieser die dem Orden schuldigen Pflichten erfüllt hatte. Der Johanniter-Meister stand unter dem Großmeister zu Malta, dem er alle Jahre gewisse Türkensteuer lieferte, die man auf 170.000 Fl. berechnete. Er selbst besaß die Gerichtsbarkeit über das Heermeistertum Brandenburg, über Ungarn und Böhmen. In Kriegszeiten oder je nach Bedürfnis des Ordens konnten die Beiträge oder Responsionsgelder natürlich noch erhöht werden. So sehr auch der Orden durch *Bonapartes* Gewalthandlung in Malta einen tödlichen Streich erhalten hatte, so schien dennoch dem letzten Groß-Prior von Deutschland, deren es im Ganzen 46 gegeben hat, *Ignaz Balthasar, Freiherr von Rink zu Baldenstein* (erwählt am 12. Dezember 1796, gestorben in Heitersheim am 30. Juni 1807) sogar eine Vergrößerung seines Gebietes zugedacht gewesen zu sein, da der letzte Reichsdeputations-Beschluss vom Jahr 1802 ihn unter die Zahl der durch den Verlust an Einkommen auf dem linken Rheinufer zu entschädigenden Fürsten aufnahm und ihm aus dieser Ursache die sämtlichen Klöster im Breisgau überwies.

Allein der Herzog von Modena, als damaliger Herr der Landgrafschaft Breisgau, widersetzte sich dieser Zuweisung, weil sie nach seiner Ansicht unvereinbar sei mit den Bedingungen, unter welchen ihm die Landgrafschaft Breisgau angewiesen worden. Als endlich durch den Preßburger Frieden zwischen Frankreich und Österreich am Ende des Jahres 1805 der Breisgau an Baden überging, setzte dieses denselben Widerspruch fort. Die Rheinbundsakte vom Jahr 1806 entschied hierauf den Rechtsstreit dahin, dass das Fürstentum

Heitersheim dem Groß-Priorat entzogen und dem Großherzogtum Baden, unter dessen breisgauischer Hoheit es schon zuvor lag, nur als Staatsdomäne gegen angemessene Pensionierung des Fürsten Groß-Priors auf alle Zeiten zuerkannt wurde. Das deutsche Groß-Priorat erhielt in Ober- und Niederdeutschland 67 Komtureien, nämlich:

1. *Kameralhäuser* zu Neuenburg und Steinerstadt, Freiburg und Wendlingen, Haimbach und Musbach, Kenzingen und Bubigh.
2. *Ritterkommenden*: zu Arnheim und Nimwegen, Basel und Rheinfelden, Basel und Arlesheim, Bruchsal und Kronweißenburg, Frankfurt und Mosbach, Hasselt, Hemmendorf und Keringen, Herrenstrunden, Hahnrein und Weiden, Kleinnördlingen, Sagan und Herford, Leuggern, Klingnau, Brugg, Mainz und Niederwesel, Münster und Steinfurt, Nordorf und Deltingen, Rothenburg und Reinhardsroth, Rothweil, Schlesingen und Weißensee, Schwäbisch-Hall und Affeltrach, Sulz, Colmar, Mühlhausen und Friesenheim, Tobell, Trier, Adenau, Häringen und Breisach, Überlingen, Billingen, Wesel und Borken, Würzburg.
3. *Priesterkommenden*: zu Aachen, Mecheln, Küringen und Niedecken, Freiburg in der Schweiz, Regensburg und Altmühlmünster, Sobernheim, Haagen, Weißenroth und Kronenburg, Straßburg, Schlettstadt, Worms und Köln.

Das böhmische Großpriorat hatte im Wesentlichen dieselbe Verfassung und Einrichtung wie das deutsche. Die Residenz des Großpriors, die Kanzlei und das Archiv waren in Prag. In den früheren Zeiten konnten die böhmischen Kommenden sowohl deutschen als böhmischen Rittern erteilt werden, aber seit der Mitte des vorigen Jahrhunderts haben nur geborene Böhmen, Schlesier, Österreicher und Tiroler Anspruch darauf.

Dieses Priorat enthielt:

1. Das *Großpriorat* selbst,
2. die *Ballei St. Joseph in Doschütz*,
3. die *Ritterkommenden*: Breslau, Brünn und Karlowitz, Fürstenfeld und Melling, Goldberg und Löwenberg, Großlinz, Gröbeich, Kleinöls, Lössen, Maidelberg, Mailberg und Strohheim, St. Michael, Miecheluph, die Familienkommende Opitz, St. Peter in Kärnten, Reichenbach, die Familienkommende Sinzendorf, Striegau, Troppau, Wien;
4. Die *Priesterkommenden*: Haillenstein, Ebenfurt, Pulst und Prag mit einem infulierten Abt.

Die beiden Priorate von Ungarn und Dacien waren, wie wir schon angegeben haben, Würden ohne Territorialgebiet, und es bleibt uns nur noch die *Ballei Brandenburg* übrig, der wir unsere ganz besondere Beachtung widmen.

10. Die Ballei Brandenburg oder das Heermeistertum Sonnenburg

Es war im Jahr 1158, also mehr als ein volles Jahrhundert nach der Gründung des St. Johanniter-Ordens im heiligen Land, als ein edler deutscher Fürst, der erste *eigentliche* Markgraf von Brandenburg, *Albrecht der Bär*, nachdem er kurz vorher von der Altmark aus mit seinen Grenznachbarn, dem Erzbischof von Magdeburg und dem Bischof von Halberstadt die feste Stadt Brandenburg nebst der Priegnitz erobert hatte und vom Kaiser mit der Markgrafschaft Brandenburg belehnt worden war, mit seiner Gemahlin, dem Bischof von Halberstadt und vielen deutschen Rittern eine Wallfahrt nach dem heiligen Land antrat, um dort an gottgeweihter Stätte dem Allerhöchsten seinen Dank für den eben errungenen wichtigen Sieg und Erwerb auszusprechen. Nach Verlauf eines Jahres kehrte er ohne weitere besondere Ereignisse glücklich in die Heimat zurück.

Dennoch hatte diese Pilgerfahrt für das Land bedeutende Folgen. Es hatte nicht fehlen können, dass der edle Markgraf in Palästina mit den Rittern des Johanniter-Ordens in nähere Berührung gekommen war und dass er sowohl ihre ritterliche Tapferkeit, wie auch ihre tätige Menschenfreundlichkeit kennen und achten gelernt hatte. Ja, mehrere Ritter seines Gefolges waren dort in den Orden eingetreten.

Schon hatte derselbe nach Verlauf eines Jahrhunderts im westlichen Deutschland mancherlei Besitzungen erworben und gleich nach seiner Rückkehr in die Mark, nämlich schon 1160 nahm Markgraf *Albrecht der Bär* Veranlassung, dem Johanniter-Orden in dem Städtchen Werben an der Elbe eine Kirche nebst sechs Hufen Ackers, holländisches Maß, in der fruchtbaren Niederung, die *Wische* genannt, die der Orden bis auf die neuesten Zeiten besessen hat, zu schenken, nebst dem gesamten Zehnten auf dem Stadtfeld, und ihm auch daselbst ein Hospital – Xenodochium – zu erbauen.

Werben war seit uralter Zeit, vielleicht schon seit *Karl dem Großen* her, eine wichtige Grenzfeste in den Jahrhunderte langen Kämpfen der Sachsen und Wenden an der Elblinie. Sie hat vielfache Angriffe und Überfälle von den Wenden erlitten, ist auch von denselben mehrmals erobert und zerstört worden. So musste Kaiser *Heinrich III.* die Feste 1050 ganz neu wieder aufbauen. Zur Zeit der erwähnten Schenkung (im Jahr 1160) hatte Markgraf *Albrecht der Bär* die Wenden in der Priegnitz zwar besiegt und seiner Herrschaft zum zweiten Mal unterworfen, aber so ganz zuverlässig war dieser Gehorsam dennoch nicht; dazu waren die Wenden im heutigen Mecklenburg fast noch ganz unbezwungen. Hatte der Markgraf nun die Überzeugung, dass die tapferen und frommen Ritter ihr Eigentum wohl zu beschützen wissen werden, so war diese Schenkung sowohl ein Akt der Staatsklugheit als der frommen Richtung, ein Verhältnis, welches uns fast immer bei der weiteren Ausbreitung des Ordens begegnet. *Mit der Komturei oder Kommende Werben war demnach der erste Grund zu der nachher so berühmt gewordenen Ballei Brandenburg oder dem Heermeistertum Sonnenburg* gelegt, doch sind uns die ersten Komture unbekannt, oder es waren noch gar keine vorhanden.

Nach einiger Zeit erhielt der Orden noch einige kleine Güter in dieser Gegend und hatte unter anderem auch das Patronat und die so genannte Oberpacht in dem Dorf Blumental in der Priegnitz. Hierüber entstand ein Streit zwischen *Rüthger von Blumenthal* und dem *damaligen Komtur Dietrich von Wanzleben*, der 1200 durch schiedsrichterlichen Ausspruch der Ratleute zu Werben ganz zugunsten des Ordens entschieden wurde.

Albrecht der Bär und seine nächsten Nachfolger bedurften des Beistandes der kriegerischen Ritter vorläufig zur Unterwerfung und Behauptung des Landes zwischen der Elbe und Oder nicht, erst als sie die Oderlinie überschritten und mit den mächtigen polnischen, schlesischen und pommerschen Fürsten in feindselige Berührung kamen, finden wir wieder Schenkungen bedeutender, namentlicher streitiger Grenzdistrikte. Gleich aber nach der Gründung der werbenschen Komturei finden wir die mecklenburgischen Fürsten in der schon früher angedeuteten Lage. Daher erhielt der Orden schon 1200 von den *Grafen Gunzelin* und *Heinrich von Schwerin* das Dorf Godin und die Einkünfte der Kirche zu Eckelen und 1217 mit Bewilligung ihres Vetters, des Grafen *Niklas von Holland* das Gut Zülow, welche der Komturei Werben zugelegt wurden. Damals war ein gewisser *Heinrich* Prokurator des Johanniter-Ordens und *Jakob* Pfarrer der Johanniskirche. Ebenderselbe Graf *Heinrich von Schwerin* soll im Jahr 1227 das bei Zülow gelegene Dorf Güldendorf dem Orden teils geschenkt, teils für dreißig Mark verkauft haben. Noch in demselben Jahr wiederholten die Fürsten *Johann, Niklas* und *Pribislaw* von Mecklenburg und Werben die Schenkung von 60 Hufen Ackers im Land Turne, die ihr Vater, Fürst *Heinrich Burewin*, den Johannitern bereits gemacht hatte, und fügte in diesem Land noch Burg und Dorf *Mirow* mit 60 Hufen hinzu mit dem Mirowschen und Dammeschen See und einem den ersteren durchfließenden Bach, welche Schenkung die Markgrafen *Johann* und *Otto III.* bestätigten, indem sie die Mecklenburger Fürsten als ihre Vasallen bezeichneten.

Im Jahr 1242 war zu Mirow bereits eine Johanniter-Komturei, deren Güter gleich nach dieser Zeit durch einige in der Nähe des Ortes gelegene Ländereien vom Fürsten *Niklas* von Rostock vermehrt wurden. Dazu befreite eben dieser Fürst 1242 diese Johanniter-Güter von allen landesherrlichen Diensten und Abgaben. In eben demselben Jahr 1227 gab Graf *Heinrich von Schwerin* dem Orden noch das Dorf Morätz, so dass nun diese Güter aus dem Dorf Zülensdorf, wo eine Komturei gewesen zu sein scheint, Morätz, Züdena, Jamin, Manzin, Strenitz, Royätz und Bornick bestanden.

Danach erhielt die Komturei Werben im Jahr 1236 vom Grafen *Heinrich von Lüchow* noch eine Besitzung von vier Hufen in dem (nicht mehr vorhandenen) Dorf Wonem, und um die Mitte des Jahrhunderts, zu der Zeit, als *Caesarius* Komtur und *Heinrich* Ordenspriester waren, von den Edlen *Albert von Rähsdorf* und *Hampo von Plaue* mehrere Hebungen von Geld- und Korneinnahmen teils gleich, teils angewiesen, wogegen die Johanniter-Geistlichkeit nach Manegolds, des damaligen Vize-Priors des Ordens in diesem Teil von Deutschland, im Jahr 1251 erfolgten Bestätigung, den Edlen die Sorge für das Heil ihrer Seele zusicherte. 1265 erhielt die Komturei Werben unter dem *Winrich* einen Hof zu Neuenkirchen, der nach der Kirche zu Werben und unter der Gerichtsbarkeit des Magistrats stand, dem der Orden auch das Patronatrecht überlassen.

Gleichzeitig finden wir das Johanniter-Ordens-Präzeptorat oder Heermeistertum schon im vollen Flor und als einen wichtigen Prälatenstand in der Mark Brandenburg. Schon 1245 wird in einer Urkunde des Herzogs *Barnim I.* des Präzeptors des Ordens in den Ländern Sachsen (Niedersachsen), Mark und Pommern, *Hermanns von Warburg*, gedacht; es ist im Vergleich des Herzogs mit diesem Heermeister wegen Bahn, welches 1234 den Tempelrittern geschenkt war und 1244 an die Johanniter-Ritter kam, wahrscheinlich durch Tausch. *In diesem Land Bahnen legten die Ritter infolgedessen die Komturei Wildenbruch an.* Eben dieselbe pommersche Vergleichsurkunde nennt auch schon den *Johanniter-Bruder Johann von Neuendorf*, einen *Komtur zu Zachan* und *Gerhard von Eltz, Komtur zur Röhricke*; die Zeit und die Art der Erwerbung sind jedoch unbekannt. Wahrscheinlich entstanden um diese Zeit auch die Komtureien zu Braunschweig (Supplingenburg) und Gartow, welche nachmals so reiche Komture hatten, dass sie die *Komturei Nemerow* im Mecklenburg-Stargardschen errichten konnten. Im Jahr 1298 trug diese Güter von *Nemerow*, nämlich das von deutschen Kolonisten angelegte Dorf Groß- und Klein-Nemerow, wo bisher Wenden gewohnt hatten, und die Burg Nemerow, Ritter *Hermann von Warburg* zu Lehen, der sie dem Johanniter-Ritter *Ullrich Schwarz* für 630 Mark verkaufte, wozu der Markgraf seine Einwilligung gab, indem er zugleich auf seine Rechte daran verzichtete, wegen der guten Dienste, die *Ullrich Schwarz* ihm, da derselbe noch Laie war, als Sekretarius geleistet, jedoch mit der Bedingung, dass dieser auf Lebenszeit Vorsteher der Komturei sein sollte.

Wir sind nun bereits zu dem Zeitpunkt gekommen, in welchem die brandenburgischen Fürsten zur Oderlinie vordrangen, diese in der Mitte des dreizehnten Jahrhunderts überschritten und nun ein langjähriger Krieg zwischen den brandenburgischen, pommerschen und polnischen Fürsten an beiden Seiten der Warthe begann, aus welchem die ersteren als Sieger hervorgingen und sämtliche neumärkische Kreise und das ganze Land Sternberg eroberten. Das pommersche Gebiet erstreckte sich anfangs bis an die Warthe und hier namentlich war es, wo die Tempelritter neben den Johannitern empor kamen. 1234 schenkte Herzog *Wladyslaw* von Polen den Templern 1.000 wüste (d. i. noch unbebaute) Hufen in der Gegend von Quartschen und Küstrin am Mietzetfluss, wovon ihnen auch der Bischof von Lebus sogleich den ihm zustehenden Bischofszehnten erließ. Zwei Jahre später beeilte sich der Herzog *Barnim* von Pommern, ihnen nicht allein diese in seinem Land Chinz belegene Schenkung zu bestätigen, sondern er fügte noch vierhundert Hufen mit dem Dorf Dargumitz (Darmiezel) in territorio Chastri de Chinz juxta flumen Mitzla in confinio Castri Sden juxta rivulum Rurcam und den ganzen südlichen Teil des jetzigen Soldiner Kreises hinzu, wo nun die Templer die Stadt Soldin anlegten. Beide Fürsten wollten lieber das unsichere Gebiet in den Händen der Ritter, als ihrer Gegner sehen. 1244 errichteten die Templer die Komturei Nahhausen bei Königsberg in der Neumark. Schon hatten die Tempelherren in der Neumark eine Ballei oder Präzeptorat und schon wird 1241 *Gerhard*, Präzeptor oder Meister des Ordens der Templer in der Mark und den wendischen Landen, genannt.
Gleichzeitig fassten die Templer auch im Land Sternberg festen Fuß; 1241 hatte der Bischof von Lebus einem Grafen *Mrochco*, der später Kastellan in Krossen und nachher Palatin in Oppeln war, erlaubt, die Gegend von Sulench mit deutschen Kolonisten zu besetzen. Er gründete die Stadt Zielenzig und sieben deutsche Dörfer. Dieses sein Erbgut schenkte der Graf *Mrochco* drei Jahre später dem Tempelorden, nachdem er bereits 1241 hundert Hufen Landes in der Nähe der alten Kastellanburg Schiedlow an der Oder vom Lebusischen Bischof erhalten hatte. Der Besitz dieses Landstriches war anfänglich sehr unsicher, denn noch 1268 zerstörten die Polen die bei Zielenzig vom Markgrafen *Otto mit dem Pfeil* erbaute Grenzburg und plünderten die umliegende Gegend bis über die Oder hinaus; als aber Markgraf *Otto der Kleine* selbst in den Tempelorden eingetreten war: so bestätigte sein Bruder demselben in der Komturei Quartschen im Jahr 1286 den Besitz von Zielenzig nebst Zubehör, welches nun bis zu seiner Auflösung demselben verblieb. Markgraf *Otto* soll nachher Ordenspräzeptor geworden sein und in der Komturei Templin residiert haben. Ferner gehörten dem Tempelorden im jetzigen

Lebuser Kreis 300 Hufen an der Lezeniz mit der Zehntenerhebung, wo im Jahr 1244 die Dörfer Lesnitz mit einer Kapelle (*die nachherige Komturei Lietzen*), Heinersdorf, Tempelberg, Marxdorf und Werbig vorhanden waren.
Nach dem Zweck dieser Blätter haben wir nur von den dicht an der Oder belegenen Gütern der Templer geredet; ihre Erwerbungen schon in diesem kleinen Gebietsteil waren außerordentlich und weit hatten sie in dieser Hinsicht die Johanniter überflügelt. In demselben Maß, in vielen Ländern, z. B. in Frankreich, in noch weit größerem Maß, hatten sich die Besitzungen und die darauf gegründete Macht der Templer in ganz Europa vermehrt, damit aber auch, im Gefühl ihrer Kraft, ihr Stolz, ihr Übermut, ihr Ungehorsam gegen den Staat, und auf der anderen Seite die Furcht und der Hass der Fürsten gegen den Orden.
Von dem tragischen Untergang des Tempelordens haben wir bereits geredet; wir haben gleichfalls bereits erwähnt, dass der Johanniter-Orden dadurch unermesslich gewinnen musste, einmal, weil er dadurch seinen gefährlichsten Nebenbuhler loswurde, und dann, weil ein großer Teil der Tempelherren-Güter laut päpstlicher Bestimmung an den Johanniter-Orden übergehen sollte (1312).
Wir verfolgen hier nur die Tatsachen der Ausführung dieses Befehls insoweit, als er die Ballei Brandenburg angeht. In der Mark regierte damals der große Markgraf *Waldemar*[18], und dieser hatte wohl nicht übel Lust, die herrlichen in

---

18 *Der Markgraf von Brandenburg, Waldemar, Sohn des Markgrafen Konrad II., dem er 1303 folgte. Er herrschte seit dem Tod seines Oheims Otto IV. 1309 über sämtliche märkische Besitzungen der Askanier und entriss den Polen Pomerellen, das er mit dem Deutschen Orden teilte. Als 1312 der Markgraf Friedrich I. von Meißen in sein Gebiet einbrach, schlug ihn Waldemar 1313, nahm ihn gefangen und besetzte vorübergehend Meißen und Dresden. Da Waldemar als Schutzherr für die hansische Stadt Stralsund dem Rügenfürsten Witzlav entgegentrat, bildete sich gegen ihn ein großer Bund norddeutscher Fürsten, dem sich auch die Markgrafen von Meißen anschlossen. Waldemar verlor zwar die Schlacht von Gransee (im August 1316) gegen die Dänen und Mecklenburger, behauptete aber im Frieden von Templin (1317) seine Besitzungen und erhielt von Meißen die Niederlausitz abgetreten. Er regierte nun in Frieden, hielt glänzend Hof, förderte die märkischen Städte, starb aber schon 14. Aug. 1319.*
Das askanische Haus beruhte nun nur noch auf Waldemars unmündigem Vetter Heinrich, der mit seiner Mutter in Landsberg residierte, aber auch schon 1320 starb. Die Belehnung des Hauses Wittelsbach mit Brandenburg durch Kaiser Ludwig den Bayern (1323) versetzte das Land in große Wirren, so dass das Volk sich lebhaft nach der glänzenden Zeit Waldemars zurücksehnte. Da erschien 1347 ein Mann, der falsche Waldemar, vor dem Erzbischof von Magdeburg, der sich für den angeblich verstorbenen Markgrafen Waldemar ausgab. Er habe, behauptete er, um seine Ehe in verbotenem Grad mit seiner Base Agnes zu lösen, sich krank gestellt und befohlen, einen fremden Leichnam statt seiner in Chorin zu begraben, sei aber selbst nach dem Heiligen Grab gepilgert und dort bis jetzt festgehalten

seinen Landen gelegenen Tempelordens-Güter als Staatseigentum einzuziehen und zu behalten. Er nahm sie sogleich in Beschlag, so bald der Papst die Auflösung des Ordens 1308 ausgesprochen hatte und behielt sie zehn Jahre lang bis zum Jahr 1318, ungeachtet der späteren päpstlichen Bestimmung.

Aber im Dezember des Jahres 1317 hatten der Johanniter-Heermeister und die Komture des Ordens zu Frankfurt am Main eine Versammlung gehalten, in welcher der *Komtur von Erfurt, Paul von Mutina*, von der Versammlung, und namentlich vom Ordensvisitator *Leonhard von Tibertis* bevollmächtigt wurde, in allen deutschen Provinzen zu untersuchen, in wie weit die Häuser, Kirchen, Orte, Besitzungen, Jurisdiktionen, Einkünfte, Rechte, bewegliche und unbewegliche Güter des ehemaligen Tempelordens den Johannitern übergeben seien, und in welchem Zustand sie sich befänden, und sie nötigenfalls zu requirieren, mit der unbeschränkten Vollmacht, die so erhaltenen Güter nach seinem Gutbefinden verwalten zu lassen, Prokuratoren anzunehmen, Quittungen auszustellen usw. Infolge dieser Vollmacht kam *Paul von Mutina* auch in die Mark und knüpfte mit Markgraf *Waldemar* Unterhandlungen an, worauf unterm 23. Januar 1318 wirklich zu Kremmen ein Vergleich zustande kam, dessen Haupt-Bedingungen etwa folgende waren:

1. Markgraf *Waldemar* nimmt den Orden mit allen dazugehörigen Leuten in seinen besonderen Schutz und die Ritter sollen betrachtet werden als seine eigenen, so wie auch die Diener des Ordens, sowohl innerhalb als außerhalb der Mark, wo er Bot- und Heerschaft hat, wie in dem Herzogtum Stettin, der Fürsten von Wenden und Mecklenburg und allenthalben, wo er durch Liebe oder Furcht Einfluss hat.
2. Der Orden und die Brüder sollen mit den Gütern und Rechten, wie sie beide Orden, des Tempels und des Hospitals hatten, in aller Freiheit bleiben, wie sie vom heiligen Stuhl und anderweitig begnadigt sind.

---

worden. Der Erzbischof und auch die askanischen Fürsten von Sachsen und Anhalt, die so das Land ihrem Hause zu retten hofften, erklärten, dass er der wahre Markgraf sei. Bald fiel ihm das ganze Land zu, und nur noch wenige Städte hielten zu dem Wittelsbacher Ludwig, als Kaiser Karl IV. 1348 in Brandenburg erschien und Waldemar aus Feindschaft gegen die Wittelsbacher 2. Okt. feierlich belehnte, nachdem viele Fürsten und Ritter seine Echtheit beschworen und er die Lausitz an Böhmen abgetreten hatte. Als jedoch Ludwig den Gegenkönig Günter von Schwarzburg fallen ließ und Karl IV. anerkannte, ward Waldemar 1350 vor den Reichstag zu Nürnberg beschieden, seine Ansprüche zu erweisen. Da er nicht erschien, erklärte ihn der Kaiser für einen Betrüger. Von allen verlassen, floh Waldemar nach Dessau, von wo aus er die Bewohner der Marken 1351 ihrer Pflichten entließ und bis zu seinem Tod 1357 fürstliche Ehren genoss. Die Unechtheit des falschen Waldemar ist sicher, wer der Betrüger aber wirklich gewesen ist, unaufgeklärt. Quelle: Meyers Großes Konversations-Lexikon. Leipzig 1905-1909, Band 20, S. 327-328.

3. In allen Streitsachen, welche die Personen oder Güter des Ordens, auch solcher, die von den Templern herrühren, betreffen, ist der Markgraf Richter des Unrechts, sowohl für frühere, als künftige Vergehen, oder er soll ihnen Richter einsetzen, denen sie ihre Not klagen können. Die Bischöfe bittet er und gebietet ihnen, so weit er dazu berechtigt ist, dass sie gerecht richten über Pfaffen und Laien nach des Papstes Gebot.
4. Dagegen verspricht der Bruder *Paul von Mutina* im Namen des Ordens, Kraft seiner Vollmacht und mit Rat und Genehmigung seiner Brüder, der Komture *Ullrichs des Schwans zu Gardelegen* und *Nemerow, Gebharts von Bortfeld* zu *Braunschweig* und *Goslar*, und *Bruder Georgius von Kerkow* zu *Zachan* dem Markgrafen zu zahlen mit gutem Willen 1.250 Mark Brandenburgisches Silber und setzt als Pfand dafür ein die Stadt Zielenzig mit den Dörfern Langefeld, Bresen, Rychenow, Buckholt und Laubow, welche Markgraf Otto an den Orden gebracht, mit allen Nutzungen und Rechten, die der Tempel-Orden daran hatte, ausgenommen der Ordenshof in der Stadt Zielenzig mit Zubehör. Diese Güter will der Orden in zwei Jahren einlösen; geschieht das nicht, so fallen diese Güter an den Markgrafen und seine Nachkommen. Zeugen dieser Urkunde waren: *Graf Günther von Kevernberg, Droiseke von Kröchern, Redeke von Redern, Johann von Greifenberg*. Kremmen am Sonntag vor Lichtmess im Jahr nach Gottes Geburt 1318.

Margraf *Waldemar* ließ sich die erst auf mehrfach wiederholte dringende Aufforderung des Papstes erfolgte Herausgabe der von ihm zehn Jahre besessenen und benutzten Güter des Tempelordens hier teuer genug bezahlen. Wenn die Johanniter die Güter des Tempelordens verpfänden, so folgt daraus keineswegs, dass sie sich schon im Besitz derselben befunden haben. Vielmehr gestanden sie nur durch die gewählte Form einer Verpfändung dem Markgrafen die fortgesetzte Benutzung mit Ausnahme des Tempelhofes zu Zielenzig zu; wirklich kamen sie auch erst 1350 in den vollen Besitz dieser Güter.

Übrigens ist es interessant zu sehen, wie der mächtige Stoß, den der Tempelorden in Paris erhielt, in immer weiteren Schwingungen und Bebungen sich bis in ferne Räume und Zeiten erstreckte und das gestörte Gleichgewicht erst mühsam wieder errungen wurde. Ein fester Punkt der damaligen Welt war in den Strom der Vernichtung plötzlich herabgesunken und noch lange bebten seine Wogen, ehe sie sich wieder zu ebnen vermochten.

Nichtsdestoweniger lebten die übrig gebliebenen Templer in der Mark still und unangefochten, manche waren wohl zu den Johannitern übergetreten, andere blieben Templer. So lebten, wie es scheint, der ehemalige Templer-

meister *Friedrich von Alvensleben* zu Röricke und *Johann von Wartenberg* zu Quartschen, ja es wird sogar behauptet, und dies ist nicht ohne einigen Schein, dass *Friedrich von Alvensleben* jahrelang Präzeptor in der Mark gewesen sei. – Während die Güter der Johanniter in der Mark einen so bedeutenden Zuwachs erhielten, war derselbe in eine ganz besondere Stellung zum großen Johanniter-Orden, der damals seinen Sitz auf Rhodos hatte, gekommen. Wir haben das angeführt, dass der Großmeister *Fulko v. Villaret* mit einem Teil, namentlich den älteren und deutschen Rittern in Zwiespalt geriet; man warf ihm besonders Stolz und Übermut, Schwelgerei und Verschwendung vor. Es wurden dem Großmeister Vorstellungen gemacht, worin er Verrat und Widerspenstigkeit erblickte; nun entstand eine förmliche Verschwörung, und ein alter Ritter, *Moritz von Paynac*, rau und unbiegsam, bigott und verdammungssüchtig, dem Wortlaut der Ordensgesetze streng ergeben, wurde von den Missvergnügten zum Großmeister erwählt. Da aber auch *Fulko von Villaret* noch viele Anhänger hatte, wurde die Sache dem Papst zur Entscheidung übergeben, der beide Großmeister nach Avignon, seiner damaligen Residenz, kommen ließ. Überall wurde *Villaret*, dem der Ruf seiner glänzenden Tapferkeit voranging, mit Auszeichnung aufgenommen, während man sich von *Paynac*, als einem Rebellen-Aufwiegler, scheu zurückzog, und er auch selbst wohl sein Unrecht fühlte. Unglücklicherweise raffte ihn ein schneller Tod dahin, so dass der Papst der eigentlichen Entscheidung überhoben war und *Villaret* in seiner Würde blieb, die er jedoch 1323 freiwillig niederlegte.
Mit dieser Entscheidung war ein großer Teil der Ritter, besonders der deutschen Ritter, nicht einverstanden, sie wollten von *Fulko von Villaret* nichts wissen, trennten sich von den Rhodisern, gingen in die Mark, wo der Orden durch die Tempelherrengüter so mächtig geworden war, wählten hier einen besonderen *„Johanniter-Heermeister in der Mark"* in der Person *Gebhards von Bortfelds* und *gründeten so die vom Orden völlig unabhängige Ballei Brandenburg* 1327.
Dieser Zwiespalt dauerte bis zum Jahr 1382, da fand eine Aussöhnung statt und wurde der berühmte Vertrag zu *Heimbach*, einer Johanniters Komturei im Elsass unfern von Landau, geschlossen, wonach der Ballei Brandenburg große Vorzüge gewährt wurden, namentlich dass sie andere Komtureien unter sich haben und den Heermeister frei und selbständig unter sich wählen sollte,[19] den der Fürst von Heitersheim bestätigte, wofür die Ballei dieses Mal 2.400 Goldgülden, künftighin nie mehr als die früheren 324 Goldgülden jährlich zahlte. Meister des Johannes-Ordens in Deutschland („Meister *Synthe* Johanns-

---

[19] „Dat sie nu alle Ere Nakomelinge in derselben Ballie alle Tyde ewelike Macht und Gewalt hebben scolen, Enen Ballier eyndrachtiglich to kiesen, wo dikke un wenner die Noth iß."

Ordens in duitzschen Landen“) war *Conrad von Braunsberg*, Heermeister in Brandenburg *Bernhardt von Schulenburg*.

Nehmen wir den Faden unserer Geschichte wieder auf. *Gebhard von Bortfeld*, aus einer Braunschweigischen Familie abstammend, war etwa von 1327 bis 1350 Heermeister in der Mark. Ihm und den Brüdern des Johannis-Ordens verkaufte der damalige Bischof von Minden im gleichnamigen Fürstentum, *Wietersheim* für 100 Mark Silbers, woselbst gleich nachher 1327 eine Komturei angelegt wurde. Wir haben schon früher erzählt, dass Markgraf *Waldemar von Brandenburg* den Johannitern die Güter des Tempelordens 1318 infolge gütlichen Vergleichs gegen Zahlung von 1.250 Mark herausgab, dass die Ritter diese Summe jedoch nicht sogleich dem Markgrafen zahlen konnten und ihm dafür die Stadt Zielenzig mit den Dörfern Laubow, Buchholz, Langenfeld, Reichen, Breesen und Wardern, mit Ausnahme des Ordenshofes in Zielenzig, verpfändeten.

Aber am 14. August 1319 starb ganz unerwartet Markgraf *Waldemar* zu Bärwalde in der Neumark und ein Jahr darauf Markgraf *Heinrich*, der letzte aus dem Askanischen Stamm. Es ist bekannt, dass sogleich Prätendenten von allen Seiten auftraten und entweder auf die ganze Mark oder einzelne Teile derselben Anspruch machten. So erhob auch Herzog *Heinrich von Schlesien* Ansprüche an das Land Lebus, welches sein Großvater achtundsechzig Jahre früher den Markgrafen Johann I. und Otto III. und dem Erzbischof von Magdeburg verkauft hatte, und besetzte dasselbe. Als nunmehriger Landesherr verlangte er vom Orden die Zahlung der 1.250 Mark. Sie einigten sich, wahrscheinlich um eine geringere Summe, und Herzog *Heinrich* stellte darüber am 21. Februar 1322 dem Orden eine besondere Verschreibungsurkunde im Städtchen *Königswalde* im Land Sternberg aus. Als aber der Kaiser *Ludwig der Baier* im Jahr 1324 seinen Sohn *Ludwig* mit der ganzen Mark Brandenburg belehnte, so erkannte dieser dies Verkaufsgeschäft nicht an, ließ sich vielmehr am 30. Juni in Zielenzig huldigen und erst am Ende des Jahres 1350 kam diese Stadt durch einen von den beiden Markgrafen, *Ludwig dem Älteren* und *Ludwig dem Römer* mit dem Heermeister geschlossenen, seinem näheren Inhalt nach unbekannten Vergleich für immer an den Orden. Am 21. Dezember des gedachten Jahres wiesen die Markgrafen, welche sich damals in Frankfurt aufhielten, die Ratmänner, den Richter, und die Gemeine der Stadt an den Orden, wobei sie sagten, dass der Heermeister, *Hermann von Warberg*, die Rechte des Ordens an die demselben von ihnen und ihren Amtleuten bisher vorenthaltene Stadt *Zielenzig* und deren Zubehörungen genügend nachgewiesen habe, und sie daher dieselbe ihm mit dem Kirchlehen abgetreten und übereignet hätten. An demselben Tag stellte der Heermeister dem

Markgrafen einen Revers wegen des Öffnungsrechtes aus und der Stadt bestätigte er ihre bisherigen Freiheiten und Gerechtigkeiten. Am 5. Februar 1351 wurde der Orden durch den Landvogt *Hermann von Wulkow* in Zielenzig und in die dazu gehörenden Güter eingewiesen, dazu gehörten damals schon die Städtchen *Lagow* und *Sandow*, wie dies die Urkunde ausdrücklich angibt. Das ehemalige Burglehen des Ordens in der Stadt Zielenzig bestand aus zwei Vorwerken in der Mühlenvorstadt, jedes mit vier Hufen Land; das eine dieser Vorwerke gehörte früher einem Rittmeister *von Seidlitz* und ist jetzt im Besitz des Amtmanns *Fischer*.

Wir müssen hierbei bemerken, dass der Johanniter-Orden in den Streitigkeiten des Kaisers *Ludwig* und seines Sohnes des Markgrafen *Ludwig* mit dem Papst und dem Bischof von Lebus, so wie später beim Auftreten des falschen *Waldemar* treu beim Landesherrn hielt, wobei er die Ehre hatte mit dem Markgrafen *Ludwig*, den Äbten zu Dobrilugk, Neu-Zelle, Chorin und Lehnin und vielen Städten und Edlen vom Papst in den Bann getan zu werden mit allen Prioren, Präzeptoren, Komturen und Brüdern, aber auch gewiss nicht wenig dazu beitrug, dass das Land über der Oder (die Neumark) dem Markgrafen *Ludwig* treu blieb, was derselbe vielleicht durch die Rückgabe von Zielenzig belohnte.

1318 war mit anderen Tempelgütern auch die Komturei Lietzen an die Johanniter gekommen. Im Jahr 1321 verkauften die Ordensbrüder zu Lietzen mit Genehmigung des Bruders *Gebhard von Bortfeld*, als *Stellvertreter ihres General-Präzeptors, Paul von Modena*,[20] eine schon dem Tempelorden gehörig gewesene, zwischen Lietzen und Falkenhagen gelegene Mühle, wahrscheinlich die heutige Schmerlmühle, zwei Bürgern aus Falkenhagen für 90 Mark Silbers, welche zur Einlösung des Ordensdorfes Dolgelin verwandt wurden. Die Brüder, von denen der Verkauf geschah, waren *Heinrich*, genannt *Stapel*, Stellvertreter des damals in fernen Landen (Rhodos?) begriffenen *Gebhard von Bortfeld*, Komturs zu Lietzen, *Johann von Sandow* – also schon damals eine Komturei – Prior *Dietrich von Lo, Gerhard, Bodo, Dietrich von Arnshufen, Konrad von Helmstedt, Heinrich Inayte*, Konventualen auf dem Hof zu Lietzen. Hiernächst zeigen sich im nächsten Zeitraum noch folgende Ordensbeamte zu Lietzen: *1338 Heinrich Paris*, Komtur, *1345 Ulrich von Königsmark*, Komtur, *1358 Herr Johann von Hoym*, Komtur, *Herr*

---

[20] Diese Urkunde ist wichtig, da sie ein gewisses Licht über die ersten Verhältnisse des Ordens nach Erwerb der Tempelgüter und seiner Trennung vom großen Johanniter-Orden gibt. Nicht Friedrich von Alvensleben, der seitherige Präzeptor des Tempel-Ordens, war stillschweigend Johanniter-Heermeister, sondern diese Stelle vertrat der General-Präzeptor Paul von Modena, dessen Stellvertreter in der Mark Gebhard von Bortfeld selbst war, der nach jenes Tod 1337 wirklicher Heermeister wurde.

Konrad Tabelyn, Prior, *1362 Herr Konrad*, Prior, Herr *Lüdecke*, Komtur, *1369 Hermann Holznecker*, Komtur.

Was es mit den hier erwähnten Prioren, die neben oder unter den Komturen standen, für eine Bewandtnis hat, lässt sich nicht nachweisen. Die Großprioren waren Vorsteher ganzer Ordenszungen, die Prioren Vorsteher einzelner Provinzen und daher mehrerer Komtureien; vielleicht waren sie Ordenspriester, da der Orden viel Klösterliches hatte, so hatten sie vielleicht die Aufsicht über den Gottesdienst. Wie es scheint, waren nicht in allen Komtureien Priorate, zu Rörichen, Nemerow, Goslar und Lietzen ist es gewiss. Mit der Komturei Süplingenburg war das Priorat zu Braunschweig und mit der zu Wietersheim das Priorat zu Minden verbunden. Im vierzehnten Jahrhundert waren die bekannten Prioren des Ordens sämtlich ritterbürtige Personen, im fünfzehnten finden sich mehrere, welche ihrem Namen nach mit Sicherheit für Personen des Bürgerstandes anzunehmen sind. Im Jahr 1438 befanden sich auf dem Kapitelstag zu Lietzen neben dem Ordensmeister und den Komturen auch acht Prioren, die alle zugleich Pfarrer von Kirchen waren, über welche der Orden das Patronat hatte, nämlich zu Arnswalde, Braunschweig, Neu Stargard, Exen (Groß-Echsen im Mecklenburgischen), Königsberg i. d. R., Schlawe in Hinterpommern, wo früher eine Komturei war, Lychen in der Uckermark und Freienstein in der Priegnitz.

Im Jahr 1345 kaufte der Orden von der Familie *von Klebzig* das Schloss Lagow. Dieses Schloss lag vor Alters her auf einer Anhöhe zwischen zwei langen und schmalen Seen und war ein von Steinen gebautes, von einer hohen Mauer umgebenes und mit einem festen Turm versehenes Gebäude, fast wie es noch heute ist. Zwei Jahre darauf wurde es Johanniter-Komturei, nachdem es in demselben Jahr 1347 von den Herren *von Wiesenburg* auf Libenau erstürmt war, weil diese Herren 300 Mark Silber vom Markgrafen *Ludwig* zu fordern und nicht erlangen konnten. Diese Tat veranlasste den Markgraf, dem Orden diese bisher als Lehen besessenen Güter als Eigentum für 400 Mark zu verkaufen. Davon erhielten die von *Wiesenburg* 300 Mark und der Markgraf selbst 100 Mark. Das Schloss, auf welchem der Komtur wohnte, liegt in der Stadt auf einer Anhöhe, ganz vom Wasser umflossen und umgibt von vier Seiten einen Hof, auf welchem ein tiefer Brunnen befindlich ist. Vor Erfindung des Schießpulvers muss es eine tüchtige Feste gewesen sein. Dazu gehörte ein dicht dabei gelegenes Vorwerk mit einer Schäferei, die beiden Städtchen Zielenzig und Lagow, sieben Dörfer unter Brandenburgischer Hoheit: Neu Lagow, Petersdorf, Malkendorf, Ostrow, Breesen, Langenfeld und Koritten mit allen Pächten, Diensten und Zinsen. Später, aber auch in demselben Jahrhundert kamen vier unter der polnischen Starostei Meseritz stehende Dörfer: Tempel, Burschen, Seeren und Langenpfuhl mit Zinsen und Pächten, aber ohne die Dienste, welche zum Schloss Meseritz gehörten, dazu; außerdem gehörten dazu die Feldmarken zweier wüster Dörfer: Großdorf und Gymmelo, 14 Seen mit einem Areal von anderthalb Meilen, die Buchmühle bei Neu Lagow und reiche Holzungen, Wiesen und Jagden.

Die Summe aller Einkünfte der Komturei betrug in der Mitte des 15. Jahrhunderts 200 Schock Groschen (10.000 Rthlr.) ohne das Korn von den wüsten Dörfern. Im sechzehnten Jahrhundert kamen folgende Komtureidörfer hinzu: Grunow, Neu-Kirschbaum, Lindow, Siegelberg und Tauerzig. Komtur zu Lagow war 1372 *Heinrich von Wedel.*

Auch die Güter der Komturei Werben erhielten im vierzehnten Jahrhundert außer den Tempelgütern bedeutenden Zuwachs. Ein Bürger zu Werben, *Jakob von Pasewalk*, schenkte dem Orden 1313 Äcker im Dorf Klinke; 1319 erhielt er von *Gebhard von Wanzleben* in Behrendorf drei Hufen Land und 1341 von *Konrad von Krakow* 16 Schillinge (etwa 20 Rthlr. brandenburgischer Münze) jährlicher Einkünfte von einer Hufe Ackers aus dem Dorf Wendemark. Auch stifteten die Johanniter zu Werben zwei Hospitäler, nämlich vor dem Elbtor der Heermeister *von Alvensleben* das Hospital St. Gertraut 1424, und der Heermeister *Richard von Schulenburg* das St. Georgenhospital vor dem Tor nach Seehausen im Jahr 1483. *Buchholz* in seiner brandenburgischen Geschichte erzählt noch (Bd. 2 S. 327): in einem Fenster der Ordenskirche zu Werben sei das jüngste Gericht dargestellt und der Papst mit seiner dreifachen Krone, wie er an der Spitze der Verdammten von einigen Teufeln in die Hölle geschleppt werde; hierdurch zeige sich, dass die Johanniter wenig Ehrfurcht gegen den Papst gehabt. Wahrscheinlich aber ist es, dass dieses Bild aus den Zeiten der Reformation herstammt, und nicht aus den Zeiten des Bannes um 1350.

In demselben Jahr starb der seitherige Heermeister *Gebhard von Bortfeld* und es folgte ihm *Hermann von Warberg* (1350 bis 1371), aus einer edlen braunschweigischen Familie aus dem Dorf Warberg bei Helmstedt herstammend. Auch die braunschweigischen Herzöge hatten sich anfänglich nach Aufhebung des Tempelordens in den Besitz der Güter derselben, namentlich der *Komturei Süplingenburg* bei Helmstedt gesetzt. Sie war schon vom Kaiser *Lothar* im Jahr 1150 den Templern übergeben. *Hermann von Warberg* vermochte die Herzöge im Jahr 1358 dazu, dass sie die Komturei mit allem Zubehör dem Johanniter-Orden für eine Entschädigung von 400 Mark braunschweigliches Silber abtraten, nachdem sie dieselbe fünfzig Jahre benutzt hatten. Diese Komturei nahm der Heermeister jetzt zu seiner Residenz. Bis dahin hatte wahrscheinlich ein Oheim des regierenden Herzogs *Magnus*,

namens *Otto*, und seitheriger Komtur des Tempelordens, daselbst gewohnt und den Genuss derselben Komturei gehabt.
Zu *Gartow*, einem Städtchen an der Elbe, unweit der altmärkischen Grenze war schon im Jahr 1303 eine Johanniter-Komturei und ein Komtur *Ulrich von Schnaf*. Im Jahr 1360 kaufte der Orden von den Gevettern *Werner, Heinrich, Hennig* und *Bernh. von Schulenburg* ihren Anteil an dem Haus und Städtchen Gartow mit allen dazugehörigen Dörfern, Höfen und Gütern und Haiden. Die Kaufsumme ist nicht angegeben. In derselben Gegend von Gartow kaufte in demselben Jahr der Orden von den Markgrafen *Ludwig dem Römer* und *Otto* die so genannte Insel *Krummendick*, mit allen Dörfern, Höfen und Zubehörungen für den Preis von fünfhundert Goldgulden. Hier in Gartow hatte auch der dritte Heermeister, *Bernhard von Schulenburg* von 1371 bis 1397 seine Residenz. Ihm erteilte Kaiser *Karl IV.* als Besitzer der Mark Brandenburg nachstehenden Bestätigungs-Brief:

> „Wir, *Karl*, von Gottes Gnaden Römischer Kaiser, König von Böhmen etc., Markgraf und Kurfürst von Brandenburg etc.
> bekennen und tun kund mit diesem Brief, allen denen, die ihn sehen oder hören lesen, dass wir haben bestätigt und bestätigen mit diesem Brief unseren lieben andächtigen *Bernhard von der Schulenburg*, Kommendur zu der Gartow Johanniter-Ordens und allen Häusern desselben Ordens, die in unseren Marken zu Brandenburg gelegen sind, alle ihre Gerechtigkeiten, Freiheiten, gute Gewohnheiten, ihre Lehen, Erben und Güter, und auch alle ihre Briefe über ihre Lehen, Eigen, Erben, Pfandschaften und Güter, die sie haben von allen unseren Vorfahren, Fürsten und Fürstinnen, stets und ganz zu halten, und ihnen die nicht zu ärgern und zu kränken, sonder Arglist.
> Mit Urkund, so geschehn zu Straußberg 1373.“

Es ist dies derselbe Heermeister, unter welchem, wie schon früher erwähnt worden, der *Heimbachsche* Vertrag zu Stande kam. Auch er residierte zu Gartow und erwarb dem Orden mehrere neue Güter. 1373 kaufte er dem Ordensamt zu Kollin in Pommern das Dorf Wittichow, *von Hasse und Wedell* seinen Anteil am Dorf Suckow 1377, und 1379 elf Hufen im Dorf Richel und ein Jahr darauf von *Hans von Bork* Haus und Dorf Pensin, welches die *von Güntersberg* 1424 vom Orden als Lehen erhalten, die auch die vorbemerkten Einkünfte *von Suckow*, die in 62 Mark bestanden, kauften. Unter diesem Ordensmeister wurde 1382 die Komturei Röhricke mit der zu Wildenbruch

vereinigt. Von letzterem Ort kaufte er vom Herzog von Pommern die Landbede für 80 Schock böhmische Groschen (etwa 4.000 Rthlr.).
Der vierte Heermeister war *Detlev* oder *Dietrich von Walmoden* von 1397 bis 1400; er stammte von einer alten adeligen Familie aus dem Hannoverschen ab und ist nur durch sein tragisches Ende bekannt. Er wurde nämlich in der Ordensstadt Bahn in Pommern bei einem Aufruhr von den Bürgern erschlagen. Diese Tat ist der Stadt teuer zu stehen gekommen, denn sie musste nicht allein an der Stelle, wo die Mordtat geschehen war, ein steinernes Kreuz errichten und unterhalten, sondern auch dem Orden ein jährliches Sühngeld entrichten; erst seit 1589 wurde der Stadt dies Sühngeld vom Orden erlassen.
Ihm folgte *Reimer von Güntersberg* von 1400 bis 1420. Er stammt aus einer an der östlichen Grenze der Neumark reich begüterten, schlossgesessenen Adelsfamilie. Er erhielt vom Herzog *Boguslaw* von Pommern das Eigentumsrecht über Neu-Wolzow und hatte sein Amt in einer der traurigsten Perioden der Geschichte der Mark übernommen. Der Oheim des nachherigen Kaisers *Siegmund*, Markgraf *Jobst* von Mähren, ein alter, harter und geiziger Mann, war der Regent darin, „der die Mark auspresste, wie einen Schwamm“, der alles verkaufte, verpfändete und zu Geld machte, was nur möglich war, und der auch dem *Johanniter-Ritter-Orden* für 2.700 *Schock Böhmische Groschen* (nach unserem Geld etwa 130.000 Rthlr, *Buchholz* hat gar 27.000 Schock Groschen) das *Schloss Zanloch*, die Stadt *Reppen*, und die *Vogtei des Landes Sternberg* mit allen Gerechtigkeiten, Dörfern, Jahresrenten, Orbeden, Zinsen, Diensten, Vorwerken, Äckern, Mühlen, Zöllen, Gleiten, und insonderheit die Orbede zu Drossen, mit jährlich 24 Schock Groschen dergestalt verpfändete, dass der Orden auch ermächtigt wurde, alle im Land Sternberg zum Patronat des Landesherrn gehörige geistliche Stellen zu besetzen und eröffnete weltliche Lehen, deren Wert nicht 10 Schock Groschen erreichte, zu verkaufen und anderweit als Lehen zu verabreichen berechtigt war. Schon früher, im Jahr 1398, hatte Markgraf *Jobst* dem Ordensmeister in der Mark für 400 böhmische Groschen Burg und Stadt Küstrin mit dem Kiez mit der Erlaubnis verpfändet, während der Pfandzeit 30 Schock Groschen verbauen zu können, die gleichfalls erstattet werden sollten. Dieser Pfandbesitz dauerte jedoch nicht lange, da der Markgraf Gelegenheit fand, Küstrin an den Vogt der Neumark, *Johann von Wartenberg*, für 1.000 Schock Groschen verkaufen zu können.
Bekanntlich starb Markgraf *Jobst* kinderlos und die Mark Brandenburg fiel um 1411 wieder an *Siegmund*, der kurz vorher deutscher Kaiser geworden war. Dieser übertrug dem Burggrafen *Friedrich von Nürnberg*, Grafen von Hohenzollern, einem der ausgezeichnetsten Männer seiner Zeit, erst die Verwaltung der Mark als Statthalter, dann 1415 als Reichslehen als einem

rechten Kurfürsten und Markgrafen von Brandenburg. Dass sich fast der ganze märkische Adel, besonders die *Quitzows, Puttlitze, Rochows* und viele andere gegen diese Erhebung des edlen Burggrafen auflehnten, ja erst mit den Waffen zum Gehorsam mussten gebracht werden, wollen wir nur andeuten, um das Betragen des Johanniter-Ritter-Ordens in ein desto helleres Licht zu setzen und in einem desto strahlenderem Licht zu zeigen. Sie unterwarfen sich sofort allen Befehlen des Kaisers in Rücksicht des neuen Landesherrn, Kurfürsten *Friedrich des Ersten* von Brandenburg, und mit Recht erteilt ihnen der Geschichtsschreiber *Buchholz* das Lob treuer Anhänglichkeit an die Landesherrschaft, wenn er sagt: „Man muss bekennen, dass die Heermeister und der Orden in der Mark beständig ein gutes Exempel der Treue und Unterwerfung gegen die höchste Landesobrigkeit gegeben haben."
Im Lauf des fünfzehnten Jahrhunderts gewann der Orden noch sehr ansehnliche Güter, namentlich im Land Sternberg. *Busso von Alvensleben* verwaltete sein Amt nur vier Jahre, von 1420 bis 1424. Unter ihm erhielt der Orden im Jahr 1421 wahrscheinlich durch Kauf vom Herzog *Wenzel* von Krossen und Schwiebus das Eigentum der an der Grenze des Sternberger Kreises gelegenen, späterhin diesem Kreis einverleibten Dörfer Selchow und Grunow. Weiter ist von ihm nichts bekannt. Aber unter *Balthasar von Schlieben* (von 1424 bis 1437) kaufte der Orden vom Kurfürsten *Friedrich I.* wiederkäuflich für 900 Schock böhmische Groschen (etwa 40.000 Rthlr.) das diesem durch den Tod des seitherigen Lehenbesitzers, *Heinrich von Oinitz*, anheim gefallene Schloss Sonnenburg mit der Stadt und allen Zugehörungen, und im folgenden Jahr für einen Zuschuss von 1.900 Schock Groschen das volle freie Eigentum dieses Schlosses mit dem Städtchen, der Mühle, dem Kiez und den Dörfern Priebrow, Limmeritz, Kriescht, Mauskow, Oinitz und Gärtnow. Seitdem wurde Sonnenburg Residenz des jedesmaligen Heermeisters, während die Heermeister sonst in den Komtureien geblieben waren, denen sie als Komtur vorgestanden hatten. Dazu kaufte der Orden 1431 von den *Schenken von Landsberg* den Hof und das Dorf Rampitz; nebst den Dörfern Kloppitz, Melschnitz, Matschdorf und Gröden. Später wurde Rampitz als ein Ordensamt durch Hauptleute verwaltet, von denen noch folgende bekannt sind: *Ludwig von Schlaberndorf*, Ordensbruder um 1497, *Johann Barfft* (Barfuß), 1507 und 1516, *Hans von Molberg* 1533, *Kurt von Nelzdorf* 1544, *Bastian von Löben* starb als Amtshauptmann 1542.[21] Dagegen verkaufte der Orden den Städten Berlin und Köln an der Spree die Dörfer Marienfelde, Marien-

[21] Es gibt eine eigene Druckschrift von Rampitz: Historische Nachrichten von dem Ordensamt Rampitz aus glaubwürdigen Urkunden von Joh. Gottfr. Richter, Ordensprediger daselbst, 1740; darin steht zwar Vieles, von Rampitz aber wenig.

dorf, Tempelhof und Reichersdorf für 2.439 Schock und 40 böhmische Groschen, da die im Sternberger Kreis allerdings gelegener waren.
Um das Jahr 1434 kam der Johanniter-Orden in große Misshelligkeiten mit dem deutschen Orden in Preußen. Denn als der Johanniter-Orden den Polen, welche mit dem deutschen Orden in einen Krieg verwickelt waren, mit einigen tausend zu Hilfe gerufenen Hussiten in die Neumark und selbst in Preußen eingefallen waren und die Johanniter den Hussiten heimlichen Vorschub geleistet und durch häufige Ausfälle aus ihrer Festung Zantoch dem deutschen Orden mancherlei Schaden zugefügt hatten, so rächte sich der Ordensmeister von Preußen, *Paul von Rußdorf*, dadurch, dass er nach dem Rückzug der Hussiten die Komturei Quartschen und andere Johanniter-Güter einzog, die in der Neumark lagen, welche damals noch den deutschen Rittern gehörten. Nur auf Verwendung des Kaisers und des Kurfürsten erhielten die Johanniter dieselben im Frieden zu Marienburg wieder.
Im Jahr 1437 bis 1459 wurde *Niklas von Thierbach* Ordensmeister. Unter ihm wurde ein Kapiteltag zu Lietzen gehalten. Unter anderem wurde da beschlossen, einen besonderen Gottesdienst der Jungfrau Maria in der dortigen Johanniter Pfarrkirche einzurichten. In der angegebenen Urkunde waren die Komture *Niklas v. Kalditz* zu Lagow, *Bernd Brückner von Quartzen, Hans von Bockum* zu Wildenbruch, *Hans von Güntersberg*, Komtur zu Zachen. Im Jahr 1438 findet sich auch ein *Günther von Nagenberg* als Präzeptor in Sonnenburg (Kehrberg, Königsberg 1. 86), es ist aber nicht zu ermitteln, zu welcher Art von Beamten dieser Präzeptor gehörte. Um diese Zeit hatte auch Herzog *Heinrich* von Schlesien dem Orden seine Stadt Schwiebus nebst den dazugehörigen Dörfern entweder zu Lehen gegeben oder verpfändet. In einer Urkunde vom Jahr 1439 wird der Heermeister *Niklas von Horn* des Schlosses Schwiebus genannt, wo ein Ordensritter *Konrad von Burkersdorf* als Schlosshauptmann residierte. Eben dieser Heermeister erteilte in den Jahren 1453 und 1454 Lehenbriefe über die im Schwiebusischen gelegenen Dörfer Nischlitz und Birkholz. Diese Lehne bestätigt noch 1462 und 1464 der nachmalige Heermeister *Liborius von Schlieben.* Aber gegen das Ende des Jahrhunderts (1494) war der Orden nicht mehr im Besitz der Stadt und „des Weichbildes Schwiebus“.
Wir haben schon früher erwähnt, dass Markgraf Jobst im Jahr 1409 dem Orden die Vogtei im Land Sternberg verpfändet habe. Mehrere selbst der besseren märkischen Schriftsteller gaben an, Kaiser *Siegmund* habe die Vogtei noch vor Übergabe der Mark an *Friedrich*, Burggrafen von Nürnberg, von den Rittern eingelöst. Aber alle Nachrichten schweigen über diesen Gegenstand; auch die Burg Zantok war mit in dieser Verpfändung, und diese war

noch 1434 im Besitz der Ritter, denn sie machten von da Streifzüge in das Gebiet der preußischen Ritter, wie wir früher angegeben. Dagegen verpfändet der Kurfürst 1447 dem Johanniter-Orden abermals die Vogtei im Land Sternberg ganz in der Art und mit denselben Ausdrücken wie die frühere Verpfändung geschehen war, aber nur für die geringe Summe von 6.000 rheinischen Gulden. Sie hatten also höchst wahrscheinlich die Vogtei seitdem immer besessen und gaben nun einen verhältnismäßigen Nachschuss.
Kurfürst *Friedrich II.* erteilte diesem Großmeister im Jahr 1452 eine Bestätigung und einen Schutzbrief für alle Güter des Ordens; vielleicht geschah dies nicht ohne Beziehung auf die Streitigkeiten, welche zwischen dem großen Johanniter-Orden und dem Heermeistertum Sonnenburg ausgebrochen waren. Letzterer wurde beschuldigt, den Heimbacher Vertrag nicht gehalten zu haben. Daher hob der Großmeister die Ballei Brandenburg auf und verordnete, sie solle dem Großprior von Heitersheim unterworfen werden. Allein die Sache konnte nicht durchgeführt werden, da der Kurfürst den Orden schützte und nicht in das Ansinnen des Großmeisters willigte. Dem seitherigen Heermeister folgte *Heinrich von Reder*, der aber schon im folgenden Jahr, 1460, wieder starb.
Ihm folgte bis 1472 der Heermeister *Liborius von Schlieben* und 1475 *Kaspar von Güntersberg* und bis 1491 *Richard von der Schulenburg* und endlich bis in das Zeitalter der Reformation, 1527, *Georg von Schlaberndorf*. Am Schluss dieses Zeitraums hatte der Orden folgende eigentümliche und unmittelbare Besitzungen:

A. Im *lebusischen Kreis* bei der *Komturei Lietzen*:
   Dolgelin, Gorgast, Lietzen, Marsdorf, und Neuentempel.
B. Im *sternbergischen Kreis*: Bei dem Ordensamt *Sonnenburg* die Städte Sonnenburg und Zielenzig, die Dörfer Langenfeld, Laubow, Limmeritz, Mauskow, Mekow, Oignitz, Priebrow und Trebow.

Bei dem *Ordensamt Rampitz* die Dörfer Rampitz, Kloppitz und Melschnitz.

Bei der *Komturei Lagow* die Städtchen Lagow und *Spiegelberg*, die Dörfer Breesen, Grunow, Groß-Kirschbaum, Neu-Lagow, Lindow, Ostrow, Petersdorf, Reichen und Tauerzig.

Lehngüter des Ordens in diesem Bezirk waren damals im *lebusischen* Kreis Hackenow, Heinersdorf und Tempelburg; im *sternbergischen* Land: die damaligen Städtchen (oppida) Döbbernitz und Sandow, die Dörfer, Güter und Vorwerke Barschsee, Buchholz, Klein-Gandern, Grabow, Gräden, Heinersdorf, Hildesheim, Koritten, Kriescht, Leichholz, Matschdorf, Mekow, Reichen, Schönow, Selchow und Wandern.

Ordenslehensleute, so viel sie bekannt sind, die adeligen Familien *von Buntsch, Glüser, Grüneberg, Horn, Lossow, Luck, Luckau, Nauendorf, Pful, Reichenow, Rothenburg, Scherf, Schlaberndorf, Selchow, Thyrbach, Winning* und *Wulf*, und aus bürgerlichen Familien *Belkow, Günther* und *Wins*.[22]
Die zehn Komtureien des Ordens waren damals:

1. *Lagow*, im Sternbergischen,
2. *Quartschen,*
3. *Grüneberg*, beide in der vorderen Neumark,
4. *Lietzen*, in der Kurmark,
5. *Wildenbruch*, in der mittleren Neumark,
6. *Werben*, in der Altmark,
7. *Süplingenburg*, im Braunschweigischen,
8. *Wietersheim*, im Bistum Minden,
9. *Mirow* und
10. *Nemerow*, beide im Mecklenburgischen.

Die wichtigste Erwerbung, welche der Orden gegen das Ende dieses Zeitraumes machte, waren die in der Nieder-Lausitz gelegenen Herrschaften *Friedland* und *Schenkendorf*; das erstere kaufte der Orden 1501, das letztere 1512 mit Genehmigung des damaligen Oberlehensherrn der Lausitz, des Königs *Ludwig* von Böhmen, von den seitherigen Besitzern derselben, den Herren *von Köckeritz*, anfänglich nur wiederkäuflich. Später erteilte König *Ferdinand* von Böhmen dem Orden über Schenkendorf 1528 und über Friedland 1539 volles Eigentumsrecht. Später, als der Orden in der Mark evangelisch geworden war, 1609, machte der katholische Groß-Prior von Böhmen, *Mathias Leopold von Lobkowitz*, sehr eifrige Versuche beim deutschen Kaiser, beide Herrschaften unter seine Botmäßigkeit zu bringen, allein Kurfürst *Johann Siegmund* von Brandenburg als Schutzherr des Ordens, nahm sich sehr ernsthaft der Sache an, weshalb sie unterblieb. Übrigens waren beide Herrschaften zu Ordensämtern gemacht (1523). Noch müssen wir aus dieser Zeit eines kriegerischen Unternehmens des Ordens gedenken, weil deren in der Geschichte des Ordens in der Ballei Brandenburg fast gar keiner Erwähnung geschieht, woraus man schließen möchte, dass derselbe hier sehr friedfertig

[22] Diese speziellen Nachrichten vom Johanniter-Orden im Lebuser und Sternberger Kreis verdanken wir dem trefflichen vaterländischen Geschichtsforscher *Wohlbrück*, leider fehlen sie uns von den anderen Komtureien.

war. Im Jahr 1517 soll nämlich *Veit von Thümen*, Komtur zu Lagow, verheerend in das Gebiet des polnischen Kastellans *von Meseritz* eingefallen sein und zwar aus unbekannter Ursache. Die Krone Polen war darüber sehr ungehalten, doch vermittelte der Kurfürst die Sache durch den Bischof *Georg* von Lebus.

Der von uns zuletzt erwähnte Heermeister, *Georg von Schlaberndorf*, war endlich alt und schwach geworden, daher versammelten sich die vier ältesten Komture zu Friedland als ein gesetzliches Ordens-Kapitel und beschlossen, dem alten Heermeister einen Coadjutor zu geben. Da sie aber eine solche Wahl ohne Vorwissen und Zustimmung des Kurfürsten nicht vornehmen durften – und dies ist sehr bezeichnend in Betreff des abhängigen Verhältnisses des Ordens vom Landesherrn, der nichts weniger als einen Staat im Staat noch damals bildete – so meldeten sie dem Kurfürsten ihre Absicht und baten ihn, den Kapiteltag in Zielenzig, zu welchem der 18. Februar 1526 angesetzt war, zu beschicken und die Personen zu bezeichnen, von welchen sie eine zum Coadjutor wählen sollten. Im Namen des Kurfürsten kamen der Kanzler *Stüblinger* und der Dechant von Brandenburg, *Thomas Krull*, dahin, die den Komtur *Veit von Thümen* zu Lagow vorschlugen, der 1526 zum Coadjutor erwählt wurde und auch, als der seitherige Heermeister noch in demselben Jahr starb, nach vorher eingeholter Genehmigung des Kurfürsten, Nachfolger desselben wurde. Die Wahl fand am 20. Januar 1527 zu Sonnenburg statt, der Kurfürst hatte die beiden früheren Bevollmächtigten dahin geschickt; vom Orden waren bei der Wahl gegenwärtig: *Veit von Thümen*, Komtur auf Lagow, *Thesse Kleist* zu Zachan, *Gottschalk von Feldheim* zu Wildenbruch, *Friedrich von der Schulenburg* zu Süplingenburg, *Joachim von Kleist* zu Werben, *Melchior von Barfuß* zu Mirow, *Günther von Hohendorf* zu Lietzen, *Hans Muschwitz* zu Grüneberg, *Mathias von Ilow* zu Krakau, *Liborius von Bredow* zu Wietersheim und *Asche von Kramor* zu Nemerow. Es fehlen die Komture von Braunschweig, Gartow und Quartschen. Wahrscheinlich wurden diese Kommenden von den genannten elf Komturen mit verwaltet, wie dies in Betreff von Quartschen gewiss ist, welches *Melchior v. Barfuß* nebst Mirow mit verwaltete. Es war nämlich schon damals nicht ungewöhnlich, dass ein Komtur zwei Komtureien verwaltete.

In der Kurmark regierte seit dem Tod des Kurfürsten *Joachims I.*, der ein eifriger Beschützer des katholischen Glaubens gewesen war, dessen ältester Sohn als Kurfürst *Joachim II.*, und in der Neumark, den inkorporierten Kreisen Sternberg, Krossen und Kottbus, dessen zweiter Sohn, gewöhnlich Markgraf *Hans von Küstrin* genannt. Dieser war besonders ein eifriger Freund und Beförderer der Reformation. Er gestattete sogleich (1536) völlige Gewissens-

freiheit, und nach wenigen Jahren machte sich ohne Zwang und Gewalttat die *Reformation* in der Neumark von selbst.
Auch der Johanniter-Orden nahm sofort an dieser Reformation Anteil, obwohl er ein katholischer Orden war und mit der katholischen Religion genau zusammen hing. Anfänglich dachte man wohl nicht an ein förmliches Verlassen derselben, sondern nur an eine seit Jahrhunderten verlangte Verbesserung des vielfach entstellten katholischen Glaubens. Deshalb setzte der Orden der Ausbreitung des Evangeliums nicht allein keinen Widerstand entgegen, sondern der Heermeister, *Veit von Thümen*, setzte in der Ordenskirche zu Sonnenburg, wo bisher ein katholischer Pfarrer mit sechs Gehilfen, einem Schulmeister und einem Lokaten oder Schulgehilfen fungiert hatten, den *Johann Jakobitz* und einen Kapellan. Im Jahr 1584 beschenkte der Heermeister, Graf *Martin von Hohenstein*, die Pfarre mit 6 Wispel Mehl aus der Mühle zu Langenfeld und den Zinsen von 300 Rthlrn. auf Gütern, und ein Jahr später in Zielenzig den *Matthäus Böttcher* als evangelische Pfarrer ein, ja die Komture *Melchior v. Barfuß* zu Schievelbein und *Andreas von Schlieben* zu Lagow (letzterer war Besitzer von Tammendorf, Kaiser *Karls V.* und des Markgrafen von Brandenburg Feldmarschall) bekannten sich nicht allein zur Reformation, sondern hatten sich sogar verheiratet. Da entstand ein großes Geschrei von Seiten der katholischen Partei und von dem Ober-Priorat zu Heitersheim, welches durchaus die Absetzung beider Komture verlangte, angeblich, dass diese Komture nur für sich und ihre Familien sorgen, den Vorteil des Ordens aber hintansetzen würden. Allein Markgraf *Hans* schützte sie, es wurde der Komtur *Siegmund von der Mackwitz* mit dem Ordens-Sekretär zu einem General-Kapitel nach Speier geschickt und die Komture blieben auch verehelicht in ihren Ämtern.
Dagegen zeigte sich der Orden auch sehr gefällig gegen Markgraf *Hans*, der in Küstrin residierte und die dieser Stadt so nahe Johanniter-Komturei Quartschen „weil sie seiner Hofhaltung zu Küstrin ganz dienstlich und wohlgelegen wäre", gern gegen die entferntere Herrschaft Schievelbein vertauschen wollte. Der Tausch erfolgte 1540. Der Orden erhielt für die Komturei Quartschen, samt dem Dom und Zubehör, das Amt Schievelbein samt dessen Zubehör an Dörfern, nämlich Balsdrei, Ruthhagen, Nützow, Panzerin, Reichow, Falkenberg, Dalgenow, Klettin, Gumtow, Lippe, Priebslaw, Wenzlowshagen, desgleichen in den Dörfern zu Linkow sechs Hüfner, zu Labenitz acht Hüfner, zu Polchlep sieben Hüfner, an stehenden Zinsen und anderen Gerechtigkeiten laut dem schriftlich übergebenen Verzeichnis als zu Relep, Krezigke, Semerow, Berkenow und Volzkow, und mit Schulzengebühren, Kirchenlehen, Gerichten, Diensten, Zinsen, Pächten, es sei an Roggen, Weizen, Hafer,

Gerste, Zins- oder Rauchhühner, Mühlen und Mühlenstätten, Seen, Teichen, Wässern, Fischereien, Rohrwerbungen, Schäfereien, Wiesen, Haiden, Wäldern, Mastungen, Holzungen, Jagden, Stultich und Struttich, Hopfen- und Kohlgärten und allen sonstigen Nutzungen und Gerechtigkeiten; die Landessteuer und fürstliche Hoheit, die sonst auf des Ordens Gütern sind, behielt sich der Markgraf vor, dagegen sollte jeder Komtur zu Schievelbein gleichzeitig immer Landvogt der Kreise Schievelbein und Dramburg sein. 1542 erteilte der Markgraf *Hans* noch allen Dörfern in der Komturei Lagow, sowie der Stadt Zielenzig selbst, Krug- und Schankgerechtigkeit. Dagegen war es aber auch wieder der Johanniter-Orden, welcher im Jahr 1553 auf dem Landtag zu Soldin das vom Markgrafen *Johann* eingeführte neue Gerichtswesen in der Neumark annahm. Das Dokument war unterschrieben: Herr *Thomas Runge*, Johanniter-Ordensmeister, *Franz von Neumann*, Komtur und Landvogt zu Schievelbein, *Andreas von Schlieben*, namens der Prälaten, etc.
Nachdem der Heermeister *Veit von Thümen* das Zeitliche gesegnet hatte, wurde auf dem am 20. Juni 1544 zu Sonnenburg gehaltenen Kapitel, wobei *Heinrich von Pock*, Hauptmann zu Kottbus, und *Franz Neumann*, neumärkischer Kanzler, zugegen waren, *Joachim von Arnim*, seitheriger Komtur zu Grünberg, zum Heermeister erwählt, und die Komture *Baltasar von Marwitz*, und *Vinzenz Hermsdorf* an den Groß-Prior zur Bestätigung *Joachims von Arnim* gesandt. Wahrscheinlich war auch dieser *Joachim von Arnim* bereits evangelisch und der Groß-Prior verweigerte die Bestätigung; daher resignierte *Joachim von Arnim* freiwillig, nachdem er dieses mit *Anführung wichtiger Gründe* dem *Markgrafen angezeigt* hatte. Er kehrte wieder auf seine Komturei Grünberg zurück, wo er bis an seinen Tod blieb. Unter ihm ging die Komturei Zachan in Pommern verloren; wahrscheinlich wurde sie wiederverkäuflich verloren, der Wiederkaufstermin nicht eingehalten, weshalb Herzog *Barnim* die Abtretung verweigerte. Dagegen erwarb der Orden in demselben Jahr das Ordenshaus in der Stadt Frankfurt an der Oder.
Nun folgte 1545 *Thomas Runge* aus einer pommerschen altadeligen Familie, seither Komtur zu Werben. Unter ihm wurde ein bedeutender Umbau des Ordensschlosses zu Sonnenburg vorgenommen, 1547, und 1549 das Ordenshaus nebst Gärten und Wiesen in Küstrin angekauft. Die Ansprüche wegen des Wiederkaufs der Komturei Zachan dauerten immer noch fort, doch wurde nichts in dieser Sache ausgerichtet, obwohl sich auch der Markgraf zugunsten des Ordens in dieselbe mischte. Dies war auf dem Kapitel zu Sonnenburg 1550. Hier wurden auch Beschlüsse gefasst, die Komtureien möglichst nicht zu verschulden und die Holzungen zu schonen und zu erhalten. Dabei waren anwesend: *Franz Neumann*, Komtur zu Schievelbein, *Andreas von Blumen-*

thal zu Wildenbruch, *Andreas von Schlieben* zu Lagow, *Otto von Termo* zu Lietzen, *Balthasar von der Marwitz* auf Werben. *Thomas Runge* starb 1564. *Nun folgte Franz Neumann.* Dieser *Franz Neumann* ist eine merkwürdige politische Person seiner Zeit, auf welcher noch viel Dunkelheit liegt. Gewöhnlich wird von ihm folgendes erzählt: Er war der älteste Sohn eines Bürgermeisters zu Sagan, studierte Theologie und war von 1537 bis 1542 Rektor an der Stadtschule zu Krossen. Hier soll er vom Rat zum Abfassen der Urkunden usw. gebraucht und sehr tüchtig in seinen Arbeiten gewesen sein. Markgraf *Hans* besuchte bekanntlich die Städte seines Regierungsbezirks häufig und lernte bei solcher Gelegenheit die Tüchtigkeit *Neumanns* kennen und nahm ihn als Geheimschreiber in seinen Dienst. Hier erwarb er sich nun des Markgrafen Vertrauen und Gunst in einem solchen Grad, dass er schnell von Stufe zu Stufe stieg, vom Kaiser *Karl V.* auf des Markgrafen Verwenden in den Adelsstand erhoben wurde und schon 1556 Kanzler war. Fast gleichzeitig erwarb er das Gut Mosau bei Züllichau, 1557 wurde er Ordenskomtur zu Schievelbein und Vogt vom Land Schievelbein und Dramburg und 1564 auf des Markgrafen besondere Verwendung Heermeister des Johanniter-Ordens von 1564 – 1569. – Wie dies möglich war bei dem Orden, der so streng auf Ahnenprobe hielt, darüber ergeben die Akten des Ordens allerdings nichts. Indessen ist die Tatsache unzweifelhaft. Übrigens fand es seit dem Ende des 16. Jahrhunderts nach den Gesetzen des Ordens gleichfalls statt, dass „die Johanniter der Ballei nur aus Mitgliedern der evangelischen Religion bestehen sollen", und doch war der Graf *Adam von Schwarzenberg*, obwohl Katholik, doch von 1625 – 1641 Heermeister, nachdem er dem Orden einen stark verpflichtenden Revers erteilt hatte, nichts gegen den protestantischen Glauben im Orden zu unternehmen. Aber es war unter den Gesetzen des Ordens auch das sehr weise Gesetz: *dass das Kapitel als der lebendige Gesetzgeber von allen Statuten und Gesetzen eine Ausnahme machen könne.*

Bald aber fiel der neue Ordensmeister in die volle Ungnade des Markgrafen; warum? Dies ist völlig unbekannt. Zeitgenossen berichten, der Markgraf habe von ihm die Abtretung der Lausitzischen Ordensämter Friedland und Schenkendorf verlangt. Andere, er habe eben diese Herrschaften dem kaiserlichen Hof zuwenden wollen. Wir wagen nicht zu entscheiden, aber Markgraf *Hans* war der Astrologie sehr ergeben, vielleicht hatten ihm die Sterne Andeutungen gegeben. *Franz von Neumann* hielt selbst seinen Aufenthalt in der Ordensresidenz Sonnenburg nicht für sicher, sondern begab sich nach Friedland, welches unter böhmischer Landeshoheit stand. Von dort kam er bis weit über die Oder und machte Besuche im Ordensamt Rampitz im sternberger Kreis; dies erfuhr der Markgraf, und nun wurde *Franz von Neumann*, der Johanniter

Heermeister, durch den markgräflichen Marschall *Johann von Seifertitz*, den Kommandanten von Küstrin, *Kaspar von Otterstädt, Siegmund von Schlichting* und mehrere andere vom Adel wirklich in Rampitz aufgehoben und – auffallenderweise gerade – nach der Ordens-Residenz Sonnenburg in Gewahrsam gebracht. Hier wurde er in ein Nebengebäude eingesperrt, aus welchem er durch Hilfe seiner Tochter durch das heimliche Gemach entkam und nach Schwiebus flüchtete, welches damals noch kaiserlich war. Man setzte ihm zwar nach und verlangte von der Stadt Schwiebus seine Auslieferung. Allein diese wurde verweigert, und die Verfolger nicht einmal in die Stadt eingelassen, doch redete *Neumann* mit ihnen von der Mauer herab. Obgleich die Stadt Schwiebus den Befehl vom Kaiser erhielt, den Flüchtling zu schützen, so hielt er sich auch hier nicht für sicher, sondern eilte über Prag nach Wien, wo er noch in demselben Jahr 1568 starb. Der Markgraf war über diese Flucht sehr ergrimmt, dass er den Kommandanten von Sonnenburg, einen Herrn *von Winning*, so schrecklich foltern ließ, dass er an den Folgen starb. Auch des Entflohenen Schwiegersohn, *Christoph von Doberitz*, der markgräflicher Sekretär war, und dem man Schuld gab, dass er seinem Schwiegervater Geheimnisse mitgeteilt habe, wurde nach Peitz und auf die Folter gebracht; da er nichts gestand, sollte er gegen Bürgschaft frei gelassen werden, als er diese aber nicht leisten konnte, wurde er enthauptet.

Inzwischen wurde am 15. November 1568 zu Sonnenburg ein General-Kapitel während der Meister-Vacanz gehalten. Wahrscheinlich waren wenige Komture und Prioren erschienen und daher ein Beschluss gefasst, dass, wenn ein Komtur nach erfolgter Einladung vom Ordensmeister ohne gehörige und bescheinigte Entschuldigung nicht erscheine, oder die Responsgelder nicht zu rechter Zeit einliefere, und dann nach dreimaliger Aufforderung des Heermeisters nicht beim Kapitel erscheine, ein solcher seines Amtes und seiner Würde verlustig sein sollte. Am 14. Januar 1569 wurde auf dem Kapitel zu Sonnenburg *Graf Martin von Hohenstein*, Herr zu Vierraden und Schwedt in den Johanniter-Orden aufgenommen und am 17. Januar in die Komturei Grünberg eingeführt, und eben derselbe vier Tage später infolge der vom Markgrafen *Hans* geschehenen Ernennung zum Heermeister ernannt (1559 bis 1610).

Der Großprior von Heitersheim machte mit der Bestätigung wieder Schwierigkeiten, da der neu ernannte Heermeister wieder Protestant und auch verheiratet war, obgleich schon *Franz von Neumann* in demselben Verhältnis gewesen war. Doch musste er sich in das Unvermeidliche fügen. Graf *Martin von Hohenstein* scheint ein weltkluger Mann gewesen zu sein, der sich in Zeit und Umstände zu schicken wusste. Gewiss hat der Orden ihm die Erhaltung der

Ballei meistens zu danken. Dabei half ihm sein persönliches Ansehen bei den betreffenden Höfen.
Im Jahr 1570 zogen die mecklenburgischen Fürsten wegen einiger zwischen ihnen und dem Orden obwaltender Misshelligkeiten die *Komturei Mirow* ein und behielten sie bis 1593. Da wurde durch Vermittlung des Kurfürsten die Sache mit den Herzögen *Ullrich* und *Karl* dahin ausgeglichen, dass der Orden die Komturei Mirow zurückerhielt, dass aber die fünf damals lebenden Herzöge von Mecklenburg nacheinander in den Genuss der Komturei kämen, jedoch so, dass ein jeder von ihnen, wie er dazu gelange, in den Orden trete, die Responsgelder zahle und alle sonstigen Pflichten trage. Nach dem Tod der fünf Herzöge solle der Orden wieder das unbeschränkte Besetzungsrecht erhalten.
In der Mark tauschte der Orden auf den Wunsch des Kurfürsten *Johann Georg* 1582 für die seitherigen Ordensgüter Sandow und Berg das kurfürstliche Lehen Ziebingen ein.
Auf Lagow war seit 1580 *Abraham von Grünberg* auf Looß, kurfürstlicher Rat und Verweser des Herzogtums Krossen, Komtur; ihm folgte sein gleichnamiger Sohn bis 1627.
Auch die Herzöge von Braunschweig drohten 1591 mit Einziehung der Komturei Süplingenburg. Der Heermeister beschwichtigte den Sturm dadurch, dass er mit Besetzung der Komturei mit dem Herzoglichen Haus zu alternieren versprach. Schon sahen die Fürsten ein, dass der Orden eine gute Versorgungsanstalt für ihre Prinzen sei, da ohnedies in den protestantischen Ländern die Bischofssitze eingegangen waren, die sonst so manche Versorgung gewährt hatten.
Daher ließ auch Kurfürst *Johann Georg* seinen Sohn *Joachim Ernst* 1594 einstweilen zum Coadjutor und dereinstigen Heermeister wählen. Dafür zeigte sich aber auch der Kurfürst wieder dankbar; der Orden erhielt die Dörfer Pochleben und Bals mit den Mühlen in der Komturei Schievelbein, Zollfreiheit für seine Untertanen, Fischhandel in Küstrin, Wochenmärkte in der Stadt Sonnenburg, Zwangskrüge in Drossen und Eröffnung des Komturei-Tores in Werben. Sonnenburg wurde zur bestimmten Ordens-Residenz und Sitz der Ordens-Regierung erklärt, die nun zuerst einen Kanzler in der Person eines Rechtsgelehrten *David Geiseler* erhielt. Die Ordenskirche zu Sonnenburg wurde repariert und köstlich geschmückt und dem Prediger an derselben eine bedeutende Zulage an Roggenpacht aus der neuen Mühle im Amt Sonnenburg gewährt. Auch stiftete er daselbst ein Hospital für 16 Arme und mehrere ansehnliche Stipendien für in Frankfurt Studierende. Übrigens gelangte 1604 der seitherige Coadjutor, Markgraf *Joachim Ernst*, in Anspach zur Regierung,

worauf dessen Bruder *Friedrich* Coadjutor und 1610 Heermeister wurde. Graf *Martin von Hohenstein* starb am 5. Mai 1609; da er der letzte seines Stammes war, so wurde er mit Helm und Schild begraben, und seine Lehne Schwedt und Vierraden fielen wieder an den Kurfürsten. Seine Witwe, eine geborene Gräfin *von Reinstein*, behielt laut Kapitelbeschluss den Genuss eines ganzen Gnadenjahres.

Während der einundvierzigjährigen Regierungszeit des Grafen *von Hohenstein* wurden doch nur 24 Ritter in den Orden aufgenommen, nämlich:

1. *Andreas v. Grünberg*, Komtur zu Lagow.
2. *Andreas Hüncke.*
3. *Joachim von Ramin.*
4. *Dittlow v. Winterfeld*, Komtur zu Schievelbein.
5. *Hans Georg*, Graf von Hohenzollern.
6. *Georg von Winterfeld*, Komtur zu Schievelbein.
7. *Friedrich v. Weißensee*, Komtur zu Süplingenburg.
8. *Hans von Thümen.*
9. *Volkmar Wolf*, Freiherr zu Puttbus, Komtur zu Wildenbruch.
10. *Albrecht von Schlieben.*
11. *Joachim von Winterfeld.*
12. *Albrecht, Graf von Mansfeld.*
13. *Jobst von Hopfenkorffts.*
14. *Ernst von Münchhausen*, Komtur zu Wietersheim.
15. *Adam Friedrich von Schlieben.*
16. *Hans von Redern*, Komtur zu Werben.
17. *Joachim Ernst von Schlieben.*
18. *Heinr. Albr., Graf von Stolberg.*
19. *Joachim von Reden.*
20. *Hans von Knobelsdorf.*
21. *Erdmann*, Freiherr *von Puttbus*, Komtur zu Wildenbruch.
22. *Adam von Schlieben*, Komtur zu Lagow.
23. *Ludwig v. Gröben*, Komtur zu Nemerow.
24. *Wedigo, Gans von Puttlitz*, Komtur zu Schievelbein.

Es folgen nun in den nächsten fünfzehn Jahren, von 1611 bis 1625, fünf Markgrafen von Brandenburg im Heermeistertum. Die drei ersten Markgrafen regierten nicht lange; Markgraf *Friedrich* nur zwei Monate, dann starb er an der Schwindsucht (vom 11. März bis 19. Mai 1611); Markgraf *Ernst*, vom 8. August 1611 bis 18. September, starb in Berlin; *Georg Albrecht* vom 5. Mai

1614 bis 19. Nov. 1615, er starb an den Blattern. Während seiner Regierung wurden drei Ritter in den Orden aufgenommen:

1. *Hans Wolf v. d. Heyden*, Oberst und Komtur zu Süplingenburg.
2. *Hans Christoph von Kittlitz.*
3. *Jobst von Bomsdorf.*

Nun wurde Markgraf *Johann Georg, Herzog von Jägerndorf*, in Schlesien am 29. Juli 1616 zum Heermeister gewählt. Als Ordenskanzler war bei seiner Wahl *Werner von Castigliani*, der Nachfolger des Dr. *Lorenz Colasius*; seit dieser Zeit waren die Ordenskanzler stets vom Adel. Gleich im Anfang seiner Verwaltung wurde beschlossen, die Ordensämter zu besserer Benutzung zu verpachten. Gleich im Anfang des dreißigjährigen Krieges brachte Markgraf *Johann Georg* den Orden in große Gefahr. Er hatte sich als Herzog von Jägerndorf mit dem Kurfürsten *Friedrich* von der Pfalz, den die Böhmen zu ihrem König gewählt hatten, gegen den deutschen Kaiser *Ferdinand* verbündet. Als aber des Königs *Friedrichs* Heer 1622 am *weißen Berg bei Prag* völlig geschlagen war, wurde der Markgraf seines Herzogtums Jägerndorf, allerdings ganz widerrechtlich, verlustig und in die Reichsacht erklärt.
Da fürchtete der Orden auch die Ungnade des Kaisers für sich und suchte sie dadurch zunächst abzuwenden, dass kein Komtur auf dem vom Heermeister ausgeschriebenen Kapitel erschien. Dann bat der Orden den Kurfürsten, dass die Regierung desselben nicht mehr in des Heermeisters, sondern in des Ordens Namen geführt und ein neuer Heermeister gewählt werde.[23] Der Kurfürst bewilligte dies Alles, doch zogen sich die Wahlverhandlungen bis zum Tod des Markgrafen *Johann Georg* hin, der im Jahr 1624 erfolgte. Hierauf wurde *Markgraf Joachim Siegmund* gewählt, der aber auch schon 10 Monate nach seiner Wahl, am 8. April 1625 an einem Schaden am Fuß zu Berlin starb. In den Orden aufgenommen waren:

- *1616: Octavian von Schlieben,*
  Hieronymus von Dießkau,
  Niklas von Statenau.
- *1618: Wilhelm*, Freiherr *von Walstein,*

[23] Da der Orden fürchtete, dass die Reichsacht auch auf ihn ausgedehnt werden möchte, so wurde auf dem Kapitel zu Frankfurt 1622 festgesetzt, dass das Meistertum, bis der Markgraf mit dem Kaiser wieder ausgesöhnt sei, durch den Senior des Ordens, den Komtur Maximilian von Schlieben auf Lietzen administriert, der Hofstaat möglichst beschränkt und der Überschuss zur Schuldentilgung verwendet werden sollte. Dieser letzte Zweck wurde nicht erreicht; der Ordens-Senior erhielt außer reichen Natural-Lieferungen jährlich 1.500 Rthlr., aber die Kriegszeiten fingen an immer drückender zu werden, auch vergaß sich selbst der Senior des Ordens nicht.

Christoph Ludwig,
Graf von Stollberg,

- *1620: Heinrich, Graf von Thurn,*
  Maximilian von Schlieben, Komtur zu Lietzen und nachheriger Senior des Ordens.
- *1623: Hennig von Flans*, Oberschenk,
  Ludwig Ernst von Normann,
  Hans Andreas von Schlieben.

Es ist bekannt, bis zu welchem Grad der damalige Minister, *Adam Graf von Schwarzenberg*, sich die Gnade des Kurfürsten *Georg Wilhelm* erworben. Nach dem *Geraischen Familiengesetz* der Brandenburgischen Fürsten sollte immer ein Prinz des Hauses durch das Johanniter-Heermeistertum versorgt werden. Jetzt wurde infolge kurfürstlicher Ernennung *Graf Adam von Schwarzenberg* am 17. Juni 1625 zum Heermeister erwählt, nachdem auch zum Schein *Hennig von Flans*, Komtur zu Werben mit präsentiert war, und nachdem er, weil er Katholik war, in einem schriftlichen Revers versprochen hatte, „sich den Ordensregeln zu unterwerfen, auch den Orden und dessen Untertanen bei dem reinen Wort Gottes der augsburgischen Konfession und derselben Apologie, sowohl als der christlichen Freiheit der Zeremonien, wie dieselbe zeither gebräuchlich gewesen, verbleiben lassen, und hierin für sich keine Veränderung vornehmen, auch keine Ausübung der katholischen Religion in den Kirchen, Schulen und Ordenshäusern einführen lassen, noch selbst gebrauchen oder anderen verstatten wolle".
Hierauf zeigte der neue Heermeister seine Wahl dem Groß-Prior, Fürsten zu Heitersheim an und bat einen Termin zu seiner Bestätigung anzusetzen. Dieser wurde dem Belieben des Heermeisters selbst überlassen, demselben aber zugleich aufgegeben, die rückständigen Respons-Gelder mit zu übersenden, worauf der Kurfürstl. und Gräfl. Schwarzenbergische Rat *H. Heselos* abgeschickt wurde, der nun nicht allein die letzte, sondern auch die Wahl der früher vorangegangenen Heermeister, Markgrafen *von Brandenburg* bestätigte.
Um seine Toleranz in Glaubenssachen zu zeigen – hatte doch selbst der kaiserliche Generalissimus *Wallenstein* protestantische Kirchen, z. B. in Sagan, erbauen lassen – schenkte *Graf Schwarzenberg* der Ordenskirche zu Sonnenburg einen Marmor-Altar mit folgendem Brief:

Veste, Hochgelahrte Rechte und liebe Getreue.
Euch bleibet hiedurg unverhalten, daß vor etlichen Jahren alhie in der Schlos-Capellen ein schonner Altar von Marmel und Holz fein ausgeschnitzet, abgebrochen worden. Wan dan derselbe nix mer an diesem Orte geachtet wirde, so hab ich ihn ausgebeten, und werde denselben Altar auf zwei Rustwagen bis gen Chistrin schicken, von dannen kan er zu Wasser vort gebracht werden. Als wollet etwa einen feinen bequemen Platz darzu aussetzen, wo dieser Altar stehen kann, etwa zu Sonnenburg oder zu Grunenberg oder zu Nawendorf in der Kirgen. Weiler aber Sonnenburg die rechte Residenz ist, so sollte ich am liebsten sehen, er werde allda aufgerichtet, da dann in der Kirgen wohl wirdt Platz zu vinden sein. Es kumpt mit der Baumeister und der Steinmetzer, die diesen Altar gleich aufrichten sollen, ir werdt inen so viel eysen zu Handt schaffen, als sie haben müssen, den Altar zu befestigen, und so lange sie dar sein, sollen sie gespeiset werden. Die Vererrung wil ich hie geben.
Collen an der Spree am 27. Juli 1626
Adam, Graf von Schwarzenberg.

Bis zum Jahr 1626 war die Neumark und der Orden von den eigentlichen, furchtbaren Übeln des dreißigjährigen Krieges verschont geblieben, aber seitdem wurden bis 1640 die mittleren Obergegenden fast ununterbrochen der Hauptplatz des Krieges, der Verwüstung, der Verheerung, der Seuchen und des Mordes. Es ist uns zwar wenig, den Orden Betreffendes aufbewahrt worden, allein es wird berichtet, dass am 4. November 1630 in Berlin ein Ordenskapitel gehalten worden, in welchem besonders über die „vielen den Orden damals betroffenen Kriegsunfälle berathschlagt“ und der Komtur und Vogt zu Schievelbein, *Georg von Winterfeld* zum Ordens-Senior erwählt worden.
Als im Jahr 1631 *König Gustav Adolph* von den Schweden die Neumark und Frankfurt eingenommen hatte, belegte er aus Hass gegen den *Grafen von Schwarzenberg*, den er für einen Verräter im Sold des Kaisers hielt, die sämtlichen Ordensgüter in der Neumark mit Beschlag und verschenkte das in Pommern gelegene Ordensamt Kollin. Wahrscheinlich hörte nach des Königs Tod dieser Beschlag wieder auf. Übrigens schweigen alle Ordensnachrichten, das Kriegsunglück und das Elend waren zu groß, als dass jemand Lust gehabt hätte, etwas aufzuschreiben. Nur das wird berichtet, dass des Grafen von Schwarzenberg Sohn, *Johann Adolph*, 1635 in den Orden aufgenommen, mit der Komturei Wildenbruch begabt und am 15. April 1640 auf einem Kapitel

zu Spandau, wo auch vier kurfürstliche Abgeordnete, *Balthasar von Marwitz, Balthasar von Dequeda, Sebastian Stirpe und Mathias Wesenbeck* zugegen waren, zum Coadjutor erwählt wurde. – In den Orden wurden unter dem Grafen *Adam von Schwarzenberg* folgende Ritter aufgenommen:

- 1625: *Konrad von Burgsdorf*, Oberst, Komtur zu Lagow und Ober-Kammerherr.
  Burchard von Goldacker, Komtur zu Werben.
- 1626: *Georg Ehrenreich von Burgsdorf*, Kurfürstlicher Kammerherr, Oberst, Komtur zu Süplingenburg.
- 1635: *Joh. Adolph, Graf von Schwarzenberg*, des Heermeisters Sohn, nachher Koadjutor.
  David von Marwitz, Hauptmann zu Sonnenburg.
  Hennig von Grüssow, sächsischer Oberst.
  Bastian von Waldow, schwarzenbergischer Hofjunker.

Übrigens war bereits Kurfürst *Georg Wilhelm* am 1. Dezember des Jahres 1640 gestorben; sein Sohn und Nachfolger, *Friedrich Wilhelm*, der berühmte „*große Kurfürst*" war dem Günstling seines Vaters, dem Grafen *von Schwarzenberg*, keineswegs sehr gewogen, und hätte ihn wahrscheinlich noch zur Rechenschaft gezogen, wenn er nicht bald nachher (den 4. Mai 1641) zu Spandau verstorben wäre. Hierauf machte der jüngere *Graf Johann Adolph von Schwarzenberg* als erwählter und bestätigter Coadjutor Anspruch auf die Nachfolge im Heermeistertum und schrieb nicht allein schon den 15. August 1642 als Heermeister an die Ordensregierung, wie sich dieselbe zu verhalten hätte, sondern auch der Kaiser und der Großprior von Heitersheim verwendeten sich für ihn beim Kurfürsten.
Auf der anderen Seite aber erklärte die Krone Schweden, sie würde die Ordensgüter auf keinen Fall restituieren, die in ihrem Besitz wären, wenn der jüngere *Graf von Schwarzenberg* Heermeister würde. Aber der Kurfürst ließ sich dadurch nicht irre machen, ließ die Wahl von 1640 genau untersuchen, worauf es sich ergab, dass es eine untergeschobene Urkunde[24] und die Wahl also eine unregelmäßige gewesen. Dabei beruhigte sich natürlich *Graf Schwarzenberg* nicht, sondern er veranlasste ein Kaiserliches Inhibitorium aus Speyer, den 13. November 1643. Dadurch wurde die Wahl bis zum Jahr 1649 aufgeschoben, bis sich *Graf Schwarzenberg* mit dem Orden verglich und förmlich auf das Heermeistertum Verzicht tat. Gleichwohl dauerte die Vakanz

---

[24] Er hatte vom Kurfürsten Georg Wilhelm Cartes blanches, d. i. Papiere mit des Kurfürsten Namen unterschrieben, auf welche dann später der Inhalt geschrieben wurde, ohne dass dieser dem Kurfürsten bekannt war.

noch bis zum Jahr 1652, also ganze elf Jahre, während welcher Zeit der Orden vom Senior und dem Kapitel verwaltet wurde.
Im Jahr 1648 war endlich der dreißigjährige Krieg durch den westfälischen Frieden beendigt. In diesem Friedensschluss mussten manche geistliche Güter, welche eingezogen wurden, als Entschädigung dienen. Während dieser Vacanz gingen auch dem Orden die mecklenburgischen Komtureien Mirow und Nemerow verloren. Schon 1646 wurde durch den Tod des Komturs *Hennig von Grüssow* die Komturei *Nemerow* erledigt. Daher ersuchte der Herzog *Adolph Friedrich von Mecklenburg* den Kurfürsten *Friedrich Wilhelm von Brandenburg*, diese Komturei seinem unmündigen Vetter, *Gustav Adolph zu Güstrow*, zu erteilen, wobei er schriftlich die Versicherung gab, der junge Herzog soll in den Orden treten und alles leisten, was er dem Orden zu leisten schuldig wäre.
Obwohl nun die Herzöge von Mecklenburg den in Betreff der Komturei Mirow gemachten Vertrag schlecht gehalten, so erfüllte doch der Kurfürst die Bitte der Mecklenburger Herzöge. Dagegen trat der junge Herzog weder in den Orden, noch führte er die Responsgelder ab, noch erfüllte er seine sonstigen Pflichten gegen den Orden. Ja im westfälischen Friedenschluss wurden *beide Ordens-Komtureien, Mirow der Schwerinschen* und *Nemerow der Güstrowschen Linie* von Mecklenburg als freies Eigentum zugesprochen. Aller Widerspruch des Ordens dagegen war vergeblich.
Auch die Komturei *Wildenbruch* kam infolge des westfälischen Friedensschlusses vom Orden ab und fiel an die Krone Schweden, wurde aber 1679 wieder an Brandenburg überlassen und ist seitdem eine sehr bedeutende Staats-Domäne, wozu früher bis 1679 auch die Stadt Bahn gehörte.
Endlich, im Jahr 1652, wurde zur Wahl eines neuen Heermeisters geschritten und auf besondere Empfehlung des Kurfürsten *Fürst Johann Moritz von Nassau* zu Siegen am 15. Juni zu Sonnenburg gewählt. Gleichzeitig hatten sich mit ihm Markgraf *August von Baireuth* und Markgraf *Christian Wilhelm* beworben. *Fürst Johann Moritz* war ein Enkel *Johanns des Älteren* von Nassau, eines Bruders des großen Statthalters *Wilhelms von Oranien* in Holland. Schon hatte er sich großen Kriegsruhm in Brasilien gegen Spanier und Portugiesen erworben und war dann als Statthalter von Kleve in Brandenburgische Dienste getreten und hatte dies Amt mit großem Ruhm verwaltet. Am 9. Dezember wurde er zu Sonnenburg feierlich eingeführt.
Auch die Regierung des Ordens hat er mit großem Beifall des Kapitels und der ganzen Welt geführt. Er versammelte dasselbe während seiner Regierung acht Mal und machte mit demselben allerhand heilsame Einrichtungen und brachte den Orden in solches Ansehen, dass sich die bedeutendsten Männer

um Aufnahme in denselben bewarben. Es wurden daher während seiner Regierung elf große feierliche Ritterschläge gehalten, und fünfundsiebzig Fürsten, Grafen und hochverdiente Adelige in den Orden aufgenommen. Die verwüsteten Ordensgüter brachte er wieder in besseren Stand und bevölkerte sie wieder. Die Bürger der Stadt Sonnenburg befreite er gegen einen mäßigen Bürgerzins von ihrer seitherigen Dienstbarkeit (1658). Das dasige Ordens-Residenz-Schloss baute er neu groß und prächtig von Grund aus auf, legte darin den großen und prächtigen Rittersaal, die Ordenskanzlei und das Archiv an, restaurierte auch die Ordenskirche und schmückte sie mit den Zierraten aus, die im Reformationszeitalter im übertriebenen Glaubenseifer aus dem Berliner Dome genommen waren, deren Gebrauch ihm aber überlassen war. Er traf die Einrichtung, dass man den Prediger allenthalben sehen konnte; auch wurden an beiden Seiten des Altars die Tafeln befestigt, auf welchen die Wappen und Namen sämtlicher Heermeister befindlich waren. Oben auf dem Altar wurde ein kunstvoll gearbeitetes Kreuz und das Kurbrandenburgische Wappen mit der Inschrift: *Patronus Ordinis* angebracht. Endlich wurde daselbst noch das *Fürstenchor* mit dem Brustbild des Fürsten eingerichtet. Alle diese Bauten ließ der Fürst durch den Baumeister *Rüquard* ausführen. Am 14. April 1814 brannte die schöne gotische Kirche mit den Abbildungen der Wappen nebst 62 Häusern ab. Alle Ordens-, Kirchen- und Schuldiener bekamen durch ihn verbesserte Wohnungen und Gehalte. Er starb am 20. Dezember 1679 zu Bergental bei Kleve, nach einundzwanzigjähriger preiswürdiger Regierung.

Nun trat wieder eine zehnjährige Vacanz ein, während welcher der Ordens-Senior, Fürst *Georg Friedrich von Waldeck*, mit dem Kapitel die Ordens-Regierung versah. Dieser Fürst hatte wohl die nächsten, nicht leicht zu übergehenden Ansprüche auf die Heermeisterwürde, aber der große Kurfürst scheint ihm nicht gewogen gewesen zu sein, oder andere Absichten mit dem Heermeistertum gehabt zu haben.[25]

Fürst Georg Friedrich von Waldeck und Pyrmont wurde endlich 1689 bis 1692 Heermeister. Merkwürdiges fiel in dieser kurzen Zeit nicht vor, doch wurden an den beiden Kapiteltagen unter seiner Regierung, im Dezember 1689 und im März 1691, zusammen 25 Ritter in den Orden aufgenommen. Unter diesen waren die ausgezeichnetsten: *Herzog Ludwig Rudolph von*

---

[25] Er war 1656 Komtur zu Lagow und wohnte als Brandenburgischer General der Schlacht bei Warschau bei, ging 1657 wider des Kurfürsten Willen in schwedische Dienste, weshalb er die Komturei verlor. Nach dem Frieden von Oliva 1662 erhielt er sie wieder. Beim Tod des Heermeisters Moritz von Nassau war er Kaiserlicher Feldmarschall. Erst nach des großen Kurfürsten Tod (1686) ward er Heermeister.

Braunschweig, zu Süplingenburg, der berühmte Staatsminister und Dichter *von Kanitz*, der General *von Sparr* und der sächsische General-Feldmarschall *von Flemming*.

Am 22. Februar 1693 schritt man zu einer neuen Wahl. Von den kurfürstlichen Abgeordneten, dem Staatsminister *von Fuchs*, dem Geheimen Hof- und Kammergerichts-Rat *von Wedell* und dem Feldmarschall *von Flemming*, Komtur zu Schievelbein, wurde der *Markgraf Karl Philipp* zur Wahl vorgeschlagen und von den vier Kapitels-Komturen, dem Senior und Komtur zu Lietzen, *Adam Georg von Schlieben, Ernst von Krockow* zu Wietersheim, *Christ. Bernh. von Waldow* zu Werben und *Otto Baron von Schwerin* zu Lagow erwählt. Auch dieses Markgrafen Heermeistertum dauerte nicht lange, da derselbe am 13. Juli 1695 bei der Belagerung von Casal in Italien starb. Doch wurden unter ihm neunzehn neue Ritter aufgenommen.

Auf dem Kapiteltag vom 17. März 1696 wurde von den vorbenannten Kapitels-Mitgliedern Markgraf *Albrecht Friedrich* erwählt, dessen Regierung bis 1731, also sechsunddreißig Jahre dauerte; unter ihm traten neunundvierzig neue Mitglieder in den Orden.

Nun folgte als Heermeister *Karl, Prinz von Preußen und Markgraf*, von 1731 bis 1762. König *Friedrich I.* hatte, als Beschützer und Patron des ritterlichen St. Johanniter-Ordens in der Mark, Sachsen und Wendland, auf den 15. August einen General-Kapitelstag nach Sonnenburg zur Neuwahl eines Heermeisters ausschreiben lassen und denselben durch den Wirkl. Geheimen und dirigierenden Staats- und Kriegsminister *von Viebahn*, den Geheimen Ober-Finanz-, Kriegs- und Domänenrat *von Marschall* als königliche Bevollmächtigte beschickt. Zu diesem General-Kapitel fanden sich am Abend vor der Wahl ein:

1. In Vollmacht des hochwürdigsten, durchlauchtigsten Fürsten und Herrn, *Christian Ludwigs*, Königl. Hoheit, als Seniors und Komtur zu Lagow, der Wirkl. Geheime Rat und Staatsminister Herr *Adam Otto von Viereck*, als designierter Komtur von Lagow;
2. im Namen der Durchlaucht zu Wolfenbüttel *Herzogs Rudolph Ludwigs*, als Komtur zu Süplingenburg, der Domprobst und designierte Komtur zu Wietersheim, *Johann Heinrich von Bredow*;
3. in Vollmacht des Komturs zu Schievelbein, Königl. Geheimen Rats und Neumärkiischen Kriegs- und Domänenkammer-präsidenten *Gisbert von Bodelschwingh, Herr Ernst Christian von Münchow* als designierter Komtur zu Lietzen;

4. in Vollmacht des Komturs und Landrats *Alexander Bernhard* Freiherrn *von Spär*, der designierte Komtur zu Werben und Oberstlieutenant *Gustav von Münchow*, und
5. im Namen des Geheimen Staatsministers, Komturs von Werben, *Friedrich von Trettow*, der Königl. Kammerherr und designierte Komtur zu Süplingenburg, *August von Wilchenitz*.

Die Königlichen Abgeordneten kamen gegen Abend und wurden auf dem Schloss von den Ordensmitgliedern empfangen. Auch trafen noch an demselben Abend des verstorbenen Heermeisters ältester und jüngster Sohn, *Prinz Karl*, der zum Nachfolger seines Vaters designiert war, und *Prinz Friedrich Wilhelm* in Sonnenburg ein, welcher letztere die Aufnahme in den Orden verlangt hatte. Beide Prinzen nahmen auf dem Schloss ihren Aufenthalt.

Am folgenden, dem eigentlichen Wahltag, wurden zuerst die Kreditive von beiden Seiten ausgewechselt und richtig befunden, gegenseitige Komplimente gemacht[26] und von den Königl. Kommissarien *Prinz Karl* und – zum Schein – der Staatsminister *Friedrich von Trettow* vorgeschlagen, dann wurde der Wahleid vorgelesen und nachgesprochen: „Wir schwören, dass wir nach altem Gebrauch unseres ritterlichen Ordens, und wie es auf die Nomination die Herrschaft Brandenburg in dieser Ballei von alters her gehalten worden, einen Meister einhellig zu erwählen, der da der Herrschaft und dem ritterlichen Orden getreu sein, und wohl vorstehen soll, dass wir auch alles, was im Kapitel unter uns beschlossen und verhandelt wird, beim Schluss ohne Erlaubnis unseres künftigen Meisters nicht eröffnen, auch dem jetzigen Meister, so wir uns jetzt erwählen, gehorsam und treu sein wollen und sollen, wie solches Ordensbrüdern vermöge unseres Herkommens gebührt, als uns Gott helfe, durch Jesum Christum, unseren Herrn, Amen."

Hierauf wurde dem Küster befohlen, zwei Mal nacheinander mit der gewöhnlichen Glocke und das dritte Mal mit allen Glocken zu läuten, um dadurch das Zeichen zur Prozession aus dem Kapitel in die Kirche zu geben. Diese geschah nun in folgender Ordnung unter dem Geläute aller Glocken. Voran als Marschall mit dem Marschallsstab der Lieutenant *von Knobelsdorf* auf Kunersdorf; vier Ordensvasallen, paarweise; die beiden Ordens-Regierungs-Räte *Groote* und *Richter*; die beiden Hof- und Ordens-Räte *Jänichen* und *von Bentheim*; der Ordenskanzler Freiherr *von Geuder* im Ordenskleid; der zweite Marschall mit dem langen Marschallsstab Hauptmann *von Köckeritz* auf Hildesheim; hinter diesem vier Paar Ritter, der Lieutenant *von Bardeleben*

---

[26] Wir glauben, es wird unseren Lesern nicht unangenehm sein, wenn wir diese Heermeister-Wahl etwas ausführlicher beschreiben.

und der Kammerjunker *von Wilkenitz*, der Kammerherr *von Wilkenitz* und der Landrath *von Selchow*, der Ordenshauptmann *von Beerfelde* und der Major *von Löben*, der Präsident *von Münchow* und der Domprobst *von Bredow*; endlich der Bevollmächtigte des Ordens-Seniors Staatsminister *von Viereck*, alle im Ordenskleid ohne Degen; darauf der dritte Marschall *Herr von Luck* auf Schönow, dem die beiden Königlichen Kommissarien folgten; hierauf die übrigen Ordensbrüder und Ordensdiener paarweise. Beim Eintritt in die Kirche scholl der Prozession das: *Veni sancte Spiritus* entgegen. Als der erste Marschall bis zum Altar gekommen war, wandte er sich mit den ihm zunächst folgenden Vasallen, Räten und Kanzlern links wieder zur Kirchentür und verließ mit ihnen die Kirche, dasselbe tat der dritte Marschall mit seinem Gefolge; die letzteren gingen darauf auf das so genannte Fürstenchor, die ersteren kehrten auch zurück und stellten sich hinter und in die Predigerstühle. Der zweite Marschall führte die ihm folgenden Herren zum Altar hinan, stellte sich selbst zu Seite, während sich die Ritter links und rechts vom Altar niedersetzten. Nach Beendigung des Liedes: *Veni sancte Spiritus* ward vor dem Altar von dem Inspektor *von der Schulenburg* eine Kollekte und eine kurze Rede gehalten, dann der letzte Vers jenes Liedes gesungen. Hierauf führte der zweite Marschall die bevollmächtigten Komturen unter Vortritt des Kanzlers und der Ordensräte in die Sakristei, die von einem Ordens-Kanzellisten, nachdem ein Tisch darin mit Feder, Papier und Tinte wohl versehen war, verschlossen wurde; die übrigen Ritter blieben auf ihren Sitzen.

Sobald die Bevollmächtigten im Konklave über die Wahl einig waren, ließen sie den Ordenskanzler rufen und beauftragten ihn, den Königlichen Bevollmächtigten die geschehene einstimmige Wahl mitzuteilen. Dieser ging in Begleitung der Ordensräte auf das Fürstenchor und erfüllte dort seinen Auftrag; hierauf begaben sich die Gesandten ins Konklave oder in die Sakristei, voran die Edelleute, der Kanzler und die Räte, die ersten blieben vor der Sakristei stehen, Kanzler und Räte folgten. Nun wurde die Sakristei abermals geschlossen und den Gesandten durch den Bevollmächtigten des Ordens-Seniors, Staatsminister *von Viereck*, die geschehene Wahl in folgender Rede angezeigt:

> „*Ew. Exzellenz und Hochwohlgeboren hat Capitulum anhero bemühen sollen, um deroselben zu eröffnen, daß, nachdem die in der Präsentation angebrachten Bewegungsgründe vollkommen erheblich befunden worden, die Stimme des Capituli einmüthig dahin ausgefallen, dass Ihro Hoheiten der Markgraf* Karl *zum Heermeister des Johanniter-Ordens erwählet worden, und gleichwie nun Sr. Königl. Majestät Allerhöchste Intention dadurch erreichet, als danket Capitulum Allerun-*

terthänigst, daß Ihro Königl. Majestät der löblichen Gewohnheit gemäß ein Mitglied aus dem gremio Capituli *Allergnädigst mitpräsentiren lassen. Ew. Excellenz und Hochwohlgeboren ersucht Capitulum übrigens, gelegentlich Ew. Majestät davon gütigst zu referiren, dafür zu sorgen, daß die Reversalen für des zukünftigen Herrn Heermeisters Hoheiten nach dem gewöhnlichen Stylo vollzogen und Alles, was die alte Observanz sonst erfordert, gebührend beobachtet werde. Schließlich recommandiren wir nochmals den Orden und dessen* Membra *zu des Allergnädigsten* Patroni *Huld und Gnade mit Bitte, zu derselben Beibehaltung noch Ew. Exzellenz und Hochwohlgeboren Vielvermögenheit jederzeit gütigst zu corporiren."*

Hierauf wurde das Lied: „Nun danket Alle Gott" angestimmt und gegen den Schluss desselben in Prozession in vorbeschriebener Weise ins Schloss zurückgekehrt, woselbst man dem Prinzen *Karl* die auf ihn gefallene Wahl anzeigte. Nun begann eine zweite Prozession unter dem Geläut aller Glocken; voran die Pauker und Trompeter, welche vor der Kirchentür neben der Schule stehen blieben und so lange musizierten, bis der ganze Zug in der Kirche war. Hierauf folgte der erste Marschall Lieutenant *von Knobeldorf* mit zwei Vasallen, von denen der eine auf einem schwarzsamtenen Kissen die Schlüssel zum Schloss und den Archiven, der andere das Verzeichnis der Ordensinventaria trug, und diesen folgten zwei andere Vasallen, einer mit einem Kissen, auf welchem das Heermeister-Kreuz lag, der andere mit dem schwarzsamtenen Heermeister-Mantel. Dann folgte der zweite Marschall *von Köckeritz* mit den Räten *Groote* und *von Bentheim*, diesen der Ordenskanzler mit dem Ordenssiegel in schwarzsamtenem Beutel, hierauf die bevollmächtigten Komturen und der Bevollmächtigte des Ordensseniors; dann endlich hinter dem dritten Marschall der neu erwählte Heermeister im Johanniter-Ritter-Mantel, dem Hut mit der weißen Feder, und zuletzt die anderen Ordensbrüder und Ordensleute. Der neue Heermeister wurde, während alle übrigen Personen ihre alten Plätze wieder einnahmen, vor den Altar geführt, an beiden Seiten ein Komtur-Bevollmächtigter, worauf der Inspektor *von Schulenburg* wieder am Altar ein Gebet verrichtete; unterdessen kniete der neue Heermeister mit seinen beiden Assistenten nieder, stand dann auf und drehte sich um, worauf ihm der Mandatarius des Seniors entgegen ging und ihn folgendermaßen anredete:

„Ew. Königl. Hoheit werden sich gefallen lassen, dem ritterlichen Johanniter-Orden die gnädigste Versicherung zu geben, daß Sie, als Haupt desselben, des Ordens wohlhergebrachte Rechte und Herlichkei-

ten bestens beachten und sich nach Anleitung des Stabilamenti ordinis *überall verhalten wollen.“*

Hierauf nahm der Ordenshauptmann *von Beerfeld* das Schwert vom Altar, reichte es dem *Mandatarius Senioris*, welcher die Spitze desselben in die Höhe hielt; der Heermeister legte die beiden Vorderfinger auf den Knopf und leistete so nachstehenden Eid:

„Wir, *Karl*, Prinz in Preußen, Markgraf in Brandenburg etc., des ritterlichen St. Johanniter-Ordens in der Mark, Sachsen, Pommern und Wendland Meister schwören, zuerst Sr. Königl. Majestät in Preußen und Kurfürstl. Durchlaucht zu Brandenburg und Ihro Majestät Nachkommen am Königreich und Kurfürstenthum, als unter welchem wir residiren, und darnach dem ritterlichen Orden gehorsam und getreu zu sein, deroselben Schaden vorzukommen und Bestes zu wissen etc.“

Hierauf vertauschte er das Ritter-Kreuz und den Rittermantel mit dem Meister-Ordens-Kreuz und Meistermantel, und empfing vom Bevollmächtigten des Seniors das Schwert. Nun wurden die bis dahin verschlossenen Kirchentüren geöffnet und unter Pauken und Trompetenschall die neue Wahl publiziert und dann die Schlüssel vom Vizesenior überreicht. Endlich folgte noch eine Beglückwünschungsrede des Ministers *von Viereck*, welcher als ein besonders glückliches Zeichen hervorhob, dass dieser Tag gerade des Königs Geburtstag war.

Nach diesen Feierlichkeiten wurde noch das *Te deum* gesungen, hierauf ging die Prozession in derselben Ordnung zurück, wo dann die Huldigung erfolgte und zuletzt zur wohlangerichteten Tafel geblasen wurde.

An demselben Abend, abends gegen sieben Uhr, kam der König von Küstrin zu Wasser in Begleitung des Generals und Ministers *von Grumbkow* und seines General-Adjutanten *von Derschow*, um dem am folgenden Tag statthabenden solennen Ritterschlag beizuwohnen. Er wurde vom neuen Heermeister aufs ehrfurchtsvollste empfangen und von den anderen Gästen aufs untertänigste bewillkommnet. Bald darauf begaben sich Ihre Majestät mit der nombreusen Anzahl fürstlicher, gräflicher und anderer Standes-Personen zur Tafel und dann in ihre Gemächer, und schliefen in demselben kleinen Schlafgemach, in welchem König *Friedrich I.* beim Ritterschlag 1704 geschlafen hatte.

Am folgenden Tag erfolgte der feierliche Ritterschlag von 42 Rittern und am 20. September desselben Jahres noch einmal die Aufnahme von drei Rittern, und in den Jahren 1735, 1736 und 1737 von sechsundzwanzig, fünfzehn und

siebenundzwanzig Rittern, so dass der Orden unter der Herrschaft des Prinzen *Karl* von 1731 bis 1762 nicht weniger als 115 neue Mitglieder erhielt.
Beim Ausbruch des *siebenjährigen Krieges* erhielt der Heermeister Markgraf *Karl* ein Kommando und ging am Ende des Augustmonats 1756 zu Felde, bei welcher Gelegenheit er den Hof- und Ordens-Regierungsrat *Hasse* mit sich nahm, um die Angelegenheiten des Ordens zu besorgen. Wir übergehen hier die ruhmwürdigen Kriegstaten dieses ebenso tapferen als umsichtigen Generals und bemerken nur, dass er im Laufe dieses Krieges am 20. Juni 1762 zu Breslau starb.
Zur Wahl eines neuen Heermeisters schrieb der ruhm- und siegesgekrönte Held des Jahrhunderts, König *Friedrich der Große*, einen Kapiteltag nach Sonnenburg auf den 13. September 1762 aus. Königliche Bevollmächtigte waren der Staatsminister Graf *Heinrich IX. von Reuß* und der Kammergerichtspräsident *von Fürst*, welche dem Kapitel den Markgrafen *August Ferdinand* und den General-Lieutenant und Ordens-Senior Grafen *von Wartensleben* präsentierten. Der Prinz war schon am 11. September mit seiner Gemahlin, der Prinzessin *Amalie*, dem Herzog *Karl von Württemberg* nebst dessen Gemahlin und vielen hohen Herrschaften in Sonnenburg eingetroffen. Von Seiten des Ordens waren gegenwärtig: der Ordens-Senior, General-Lieutenant, Komtur zu Schievelbein, Graf *von Wartensleben*, der Oberst Freiherr *von Reisewitz*, Komtur zu Werben, der Oberst Graf *von Wartensleben*,[27] Komtur zu Lagow, der Kammergerichts-Präsident Freiherr *von Görne* in Vollmacht des Herzogs *Ludwig von Braunschweig*, Komtur zu Süplingenburg, und der Kammerherr, Freiherr *von Hertefeld*, in Vollmacht des Prinzen *Heinrich von Preußen*, Komtur zu Lietzen. In der gewöhnlichen hergebrachten Weise wurde Prinz *Ferdinand* einstimmig zum Heermeister gewählt. Nachdem dies alles vollbracht war, wurde zur Tafel geblasen und die Versammlung aufs prächtigste, fürstlich traktiert. Am folgenden Tag war großer feierlicher Ritterschlag, wodurch einundfünfzig und im Jahr 1764 einundach-

---

[27] Der Graf von Wartensleben war seit 1761 Komtur zu Lagow. Aus einem alten Zielenziger Kalender wollen wir von ihm etwas Besonderes anführen. Am 3. März 1761 wurde vom Zielenziger Magistrat und Hofgericht nebst den Stadt-Ältesten und den Deputierten der vier Gewerke Ihro Exzellenz dem Herrn Komtur Hochwürden, Grafen von Wartensleben auf dem Schloss zu Lugow gehuldigt und der Eid der Treue geleistet, und am 9. März ist der Herr Komtur hier in Zielenzig einpassiert und bei dem Bürgermeister Herrn May abgestiegen. Zum Empfang Ihro Exzellenz waren 16 Mann zu Pferde bis Tauerzig entgegen geritten und begleiteten dieselben bis in die Stadt und zum Haus des Bürgermeisters. Auf dem Markt war die Schützengilde im vollen Gewehr und noch viele andere aus der Bürgerschaft und gaben unter Trompeten- und Paukenklang drei volle Salven. Hernach zogen alle Mannschaften zum Haus des Bürgermeisters die lange Gasse hinauf wieder auf den Markt, wo sie unter Trompeten- und Pauken-Schall noch eine vierte Gewehrsalve gaben.

tzig, zusammen also 132 neue Ritter aufgenommen wurden. Die Zahl der seit 1550 bis 1764 aufgenommenen Ritter betrug im Ganzen 521, davon kamen auf die beiden letzten Heermeister allein 247.
Prinz *August Ferdinand* war der *dreißigste* und *letzte Heermeister* des Johanniter-Ordens zu Sonnenburg, dem zu Anfang dieses Jahrhunderts der Bruder des hochseligen Königs, Prinz *Friedrich Heinrich Karl* als Coadjutor beigegeben wurde. Prinz *Ferdinand* starb 1811, nachdem er aufs väterlichste für alle Ordensdiener bei Auflösung des Ordens gesorgt hatte, was mit der hochherzigen Gesinnung des Königs *Friedrich Wilhelm III.* völlig übereinstimmte. Alle Ordensbeamte behielten ihr volles, meist gutes Gehalt, selbst wenn sie, im Dienst noch nicht invalide, denselben verlassen wollten. Seit der Stiftung des neuen preußischen Johanniter-Ordens, den 23. Mai 1812, war Prinz *Heinrich* der Großmeister dieses Ordens.

Holen wir nur noch einige Punkte nach, die wir entweder gar nicht oder nur ganz kurz andeutungsweise im Lauf unserer Darstellung erwähnt haben.
Die Kurfürsten von Brandenburg und nachher die Könige von Preußen waren Patrone des Ordens. Die erste Spur dieses Patronats finden wir schon in dem Vergleich, welchen Markgraf *Waldemar* 1318 mit *Paul von Mulina*, Komtur zu Erfurt und Visitator in Deutschland und Böhmen rücksichtlich des Anfalls der Tempelherrengüter an den Johanniter-Orden abschloss. Dieses Patronat stammt nun nicht allein daher, dass die meisten Güter des Ordens in den kurfürstlichen Landen lagen, sondern es ist auch auf besondere kaiserliche und päpstliche Privilegien begründet. Namentlich wurde das Heermeistertum auf dem Konzil zu Kostnitz vom Kaiser *Siegmund* dem Schutz des Kurfürsten *Friedrich I.* überwiesen. Art. XII. des westfälischen Friedensschlusses heißt ausdrücklich: „ut dicti Ordinis consensum ipsi procurare, eidemque nec non domino Electori Brandenburgico, tanquam ejus patrono, quotiescunque casus evenerit, hactenus praestari solitu, porro quaque praestare teneuntur.“ Damit kam der Gebrauch auf, dass die Brandenburgischen Regenten allemal wenigstens zwei Personen zur erledigten Heermeisterwürde präsentierten. Ob nun gleich mehrere zum Heermeistertum gehörige Güter in anderen deutschen Staaten liegen, so sind diese doch nicht als Lehne derselben anzusehen, sondern freies Eigentum des Ordens. Doch leistete der Heermeister dem Kurfürsten von Sachsen wegen Friedland und Schenkendorf in der Lausitz die Huldigung, und zu Lübben in der dortigen Amtsregierung war die zweite Instanz für dieselben, wie die Regierung zu Küstrin für die Mark. Der Heermeister war, besonders nach Aufhebung der Bistümer zu Lebus, Brandenburg und Havelberg, der vornehmste Prälat und Landstand in der Mark, hatte alle

Komtureien unter sich und die hohe und niedere Jurisdiktion. Sein Ornat war ein am schwarzen Band um den Hals vor der Brust hängendes goldenes, weiß emailliertes achteckiges[28] großes Ordenskreuz, ein schwarzsamtener, bis auf die Erde herabgehender und mit einer Schleppe versehener Mantel, auf welchem an der linken Seite das Ordenskreuz von weißem Atlas war; eine schwarzsamtene Superweste mit einem großen über die ganze Brust sich erstreckenden weißen Kreuz, ein samtener Hut mit aufrechtstehenden weißen Federn und goldene Sporen.

Komture oder *Kommendatoren* waren diejenigen Ordensritter, denen Ordensgüter anvertraut sind; sie bekamen diejenige Komturei, auf welche sie in ihrem Primario designiert sind. In wichtigen, schleunigen Fällen waren die Beschlüsse des Meisters mit denen der Ordensresidenz vier nächsten Komturen gültig. Jeder Komtur zahlte jährlich auf Johannistag nach Sonnenburg 30 Goldgulden, welches bei der verschiedenen Berechnung der Goldgulden nachher in 50 Rthlr. umgewandelt wurde, Responsgelder; wer säumig war, sollte das Doppelte zahlen; doch fanden manche Ausnahmen, besonders in den Zeiten des dreißig- und siebenjährigen Krieges statt. Die residierenden Komture trugen einen schwarzen damastenen Mantel mit einem weißen Kreuz von Taffet auf der linken Seite, ein größeres goldenes Kreuz als die Ritter und konnten ihr Wappen auf das Kreuz legen lassen. Der Ordensmeister hatte das Prädikat „Hochwürdigster", die Ritter bekamen das Prädikat „Hochwürdige".
Wollte Jemand in den Orden aufgenommen werden, so musste er sich schriftlich beim Heermeister melden und die Aufnahme nachsuchen. Nicht jeder wurde aufgenommen, er musste fürstlichen, gräflichen oder adligen Geschlechts sein und „allerhand rühmliche Qualitäten und Meriten" und sich entweder im Krieg oder Frieden um die brandenburgischen oder die deutschen Lande, oder um die christliche Religion Verdienste erworben haben, oder es mussten Personen sein, von denen man gegründete Hoffnung künftiger Meriten haben konnte, oder deren Väter sich verdient gemacht hatten. Dann erfolgte die Ahnenprobe, die von vier glaubwürdigen, im Land angesessenen Leuten vom Adel beschworen wurde. Dies alles wurde von der Ordensregierung

[28] Das Johanniter-Kreuz war achteckig, weil dadurch angedeutet werden sollte, dass ein christlicher Ordensritter sich ritterlich verhält, und nach seiner Ordensregel in Gottseligkeit, Tapferkeit und Tugend unverändert einhergeht, der *acht Seligkeiten* teilhaftig werde, welche bestehen: 1. In geistlicher Armut, 2. in Sanftmut, 3. in geistlicher Traurigkeit, 4. in Hunger und Durst nach Gerechtigkeit, 5. in mitleidiger Barmherzigkeit, 6. in Herzensreinigkeit, 7. in stiller Friedsamkeit, und 8. in Geduld und Leiden um der Gerechtigkeit. Sonst sind die Winkel des Kreuzes auch noch mit gewissen Landeswappen versehen: die französischen Ritter hatten vergoldete Lilien, die Brandenburgischen goldene Adler darin.

sorgfältig geprüft, auch musste der Aufzunehmende evangelischer Religion sein, war dies alles in Ordnung, so erhielt er Expektanz. Dies war eine schriftliche, in beglaubigter Form ausgefertigte Versicherung von der Aufnahme in den Orden beim nächsten Ritterschlag. In der Expektanz wird ferner versichert, dass, wenn er die erforderlichen (achtzehn) Jahre erreicht und zum Ritter geschlagen sei, er investiert und mit einem Primario auf eine Komturei solle versehen werden, jedoch erst auf den Todesfall oder freiwillige Resignation des daselbst residierenden Komturs und Anderer, welche vor ihm mit Primarien und Expektanzen versehen waren. Natürlich sahen nun die Expektanten dem Ritterschlag jedesmal mit großem Verlangen entgegen.
Der Ritterschlag und die Einkleidung geschahen öffentlich in der Ordens-Residenz-Kirche zu Sonnenburg. Die Hauptpunkte des Ritterschlages waren folgende: Der Aufzunehmende bittet von dem Heermeister oder dessen Bevollmächtigten kniend um Erteilung des Ordens und nachdem ihm dies bewilligt war, musste er sich dem Orden durch einen Eid verpflichten. Wenn dieser abgelegt war, so empfing er, gleichfalls vor dem Altar kniend, vom Heermeister drei Schläge mit dem Ordensschwert, wobei dieser die Worte sprach: „*Besser Ritter, als Knecht*", worauf ihm der schwarz taftene Ordensmantel mit dem weißen Kreuz angelegt und das goldene Ordenskreuz umgehängt wurde. Waren die Ritter sämtlich geschlagen, so stand der Heermeister von seinem Stuhl auf, trat vor den Altar, das Gesicht nach der Versammlung gewendet. Hierauf trat der erste Ritter vor den Altar, kniete auf einem mit schwarzem Samt beschlagenen Bänkchen mit einem Knie, dankte für die empfangene Gnade und Ehre, in den ritterlichen Orden aufgenommen zu sein. Hierauf legte ihm der Heermeister die Hand auf den Kopf und sprach: „Ich wünsche ihnen Glück, Heil und Gottes Segen." Hiernach stand der Ritter auf, begab sich zum Senior, reichte ihm die Hand, so wie den Komturen und anderen Rittern und Ordensräten, und so folgten alle Ritter aufeinander, bis der erste wieder auf seiner Stelle neben dem Ordensmeister stand.
Nun las der Kanzler die Gesetze des Ordens laut vor, darunter war besonders in dem letzten Jahrhundert eines, das alle Ordensverwandte ein und dasselbe Kreuz tragen sollen, wer dawider handelte, sollte 60 Rthlr. Strafe zahlen mit dem Zusatz, wenn dies ein Ordensritter sähe und nicht anzeige, so solle dieser in eine Strafe von 100 Rthlrn. verfallen. Im Ordens-Archiv befanden sich Modelle für alle drei Arten der Ordenskreuze.

Von den Beziehungen des Ordens nach außen lässt sich aus dem letzten Jahrhundert seines Bestehens wenig sagen. Seine Wirksamkeit nach innen beschränkt sich auch wohl nur auf die Verwaltung seiner Güter und die feierlichen Ritterschläge. In seiner alten Form hatte er sich wohl überlebt. Der Wert der Ordensgüter war immer noch höchst bedeutend, besonders da der Grundbesitz immer mehr im Preis gestiegen war. Allein im Sternberger Kreis besaß der Orden noch im Anfang des Jahrhunderts gegen 28.000 Morgen Wald. Zu den 42 Lehenspferden des Sternberger Kreises hatte der Orden in demselben für seine Güter sieben gestellt, was bekanntlich nachher in eine bare Abgabe verwandelt wurde. Die übrigen Güter desselben waren:[29]

Abbildung 8 – Sonnenburg (Strich von Matthäus Merian dem Jüngeren (1652)

Die *Stadt Sonnenburg*[30], damals mit 1.639 Einwohnern und 249 Häusern, von welchen noch ein Drittel (1802) mit Stroh gedeckt war; dazu gehörten die

[29] Nach einem offiziellen Bericht aus dem 15. Jahrhundert hatte der Heermeister von seinen Gütern im Sternberger Kreis 200 Schock (10.000 Rthlr.) Geldes, gute Jagd- und Zeidelheiden, Mannschaft zum Schloss Sonnenburg mit 32 Dörfern und führte 30 Schock Responsgelder ab.

[30] *Sonnenburg, Stadt im Kreise Sternberg des Regierungsbezirks Frankfurt (preußische Provinz Brandenburg), an der Lenze u. Lönitz am Wartebruch; hier war 1514 bis 1811 die Residenz des Johanniter-Heermeistertums der Balley Sonnenburg oder Brandenburg; Schloß, Fischerei, Strafanstalt, in welcher Leinwand, Barchent, Plüsch, Garn, Teppiche, Kleidungsstücke, Zigarren etc. gefertigt werden; 3800 Einwohnern. Quelle: Pierer's Universal-Lexikon. Altenburg 1857-1865, Band 16, S. 285.*

Dörfer Gartow, Heinersdorf, Laukow, Limmritz, Mauskow, Mekow, Oegnitz, Kriescht, Priebrow, Trebow; *Grüneberg* mit den Dörfern Grüneberg, Selchow, Zekerik, Güstebiese und Karlsbiese; *Rampitz* mit den Dörfern Rampitz und Kloppitz und das *Komturei-Amt Lagow* mit der Stadt Zielenzig wohin die Dörfer: Lagow, Breesen, Burschen, Koritten, Langefeld und Langepfuhl, Lindow, Grunow, Malkendorf, Kirschbaum, Neu-Lagow, Petersdorf, Reichen, Seeren, Spiegelberg, Tauerzig, Tempel und Ostrow gehören; die Ordenslehens-Vasallen-Güter im Sternbergischen, als: Buchholz, Döbernitz, Grabow, Gräden, Hildesheim, Kl. Gandern, Leichholz, Barschsee, Kunersdorf, Kirschbaum, Lindow, Malchow, Matschdorf, Schönow, Selchow, Wandern, Ziebingen; Topper, Thamsel und Warnik. –
In der *Altmark*: die Komturei Werben mit Ländereien, Wiesen, Pächten und Zinsen aus benachbarten Ortschaften (Wartenberg, Behrendorf und Hindenburg) und 2.000 Rthlr. Einkünften; seit 1798 war der Geheimrat *von Jagow*

Heute im Übrigen: Słońsk (deutsch Sonnenburg) ist ein zum Powiat Sulęciński in der Woiwodschaft Lebus gehörendes Dorf Polen. Słońsk ist zugleich Sitz der Landgemeinde Słońsk. Sie liegt in der Warthe-Niederung, südlich des Flusses und etwa 15 Kilometer östlich von Küstrin.
Sonnenburg wurde 1295 erstmals urkundlich erwähnt. Der Templerorden besaß im Ort eine Ordensniederlassung. 1312 wurden der Markgraf von Brandenburg und der Bischof von Lebus als gemeinsame Besitzer genannt. Henning und Arnold von Uechtenhagen, die Sonnenburg als Lehen erhalten hatten, errichteten 1341 das erste Sonnenburger Schloss. Vom 15. Jahrhundert an ist die Geschichte Sonnenburgs eng mit dem Johanniterorden verbunden, welcher Siedlung und Schloss 1426 für 9000 Schock böhmische Groschen vom Markgrafen Friedrich I. von Brandenburg erworben hatte. Das Schloss wurde Sitz des Herrenmeisters der Ballei Brandenburg, die innerhalb des Johanniterordens relativ selbständig war. Der Orden tat viel für den Ausbau von Sonnenburg. 1474 - 1522 erbauten die Johanniter eine neue Kirche und 1545-1564 ein neues Schloss. 1538 trat Joachim II., Kurfürst von Brandenburg, zur lutherischen Lehre über. Die Ballei Brandenburg folgte ihm darin und behielt einen Großteil ihrer Besitzungen. Im Dreißigjährigen Krieg wurden das Ordensschloss und der Ort schwer zerstört. In den Jahren 1662 bis 1667 ließ Johann Moritz von Nassau-Siegen, der 1652 zum Herrenmeister des Ordens berufen wurde, ein neues Residenzschloss errichten. Baumeister war der Holländer Cornelis Ryckwaert.
Bis zur Säkularisierung 1811 blieb Sonnenburg unter der Herrschaft des Ordens. Nach 1815 war der Ort dann ein Teil des Landkreises Sternberg (nach der Teilung 1873 Landkreis Oststernberg). Das Schloss wurde nach der Wiedererrichtung des protestantischen Johanniterordens wieder Sitz des Herrenmeisters und blieb bis 1945 im Besitz des Ordens.
1933 bis 1945 existierte in Sonnenburg das Konzentrationslager Sonnenburg der Nationalsozialisten.
Nach dem Zweiten Weltkrieg wurde der Ort Teil Polens und in Słońsk umbenannt. Viele Gebäude der Stadt, darunter das Johanniter-Krankenhaus wurden abgetragen, um Baumaterial für den Wiederaufbau Warschaus zu gewinnen. Das Schloss fiel 1976 einer vorsätzlichen Brandstiftung zum Opfer und dominiert bis heute als Ruine das Stadtbild. Quelle: wikipedia.de

auf Anlosen im Besitz der Komturei. – In der *Mittelmark*: Hakenow und Heinersdorf, Mariendorf, Marienfeld, Rixdorf, Tempelhof und Tempelberg. Im *Braunschweigischen* die Komturei Süplingen und die Ortschaften Bornum, Haus Gartow, Remlingen, Rhoda und Warla; im *Mecklenburgischen* nur noch Rugenhagen. In *Pommern*: Brusewitz, Pansin, Sallenthin, Suckow, Wulkow und Zanzig; das Ordensamt Kolling mit Strevelow, Wittichow. In der *Neumark*: die Komturei Schievelbein mit Balsdrey, Bockenhagen, Gumtow, Lekow, Nuthhagen, Nelep, Panzerin, Polchlep, Pribslaw, Rüzow, Simatzig, Technow, Wenzlowshagen; in der *Kurmark* die Komturei Lietzen mit Marxdorf, Neuen Tempel und Dolgelin. In der *Niederlausitz* die Dörfer Buderosa, Griesen und Schenkendöbbern; das Ordensamt Schenkendorf, Groß-Gastrosa, Klein-Gastrosa und Lehnmann; Schlagsdorf, Sadersdorf, Taubendorf und Lehnmanner; das Ordensamt Friedland mit Leisnitz, Zeubst, Misdorf, Groß- und Klein-Mukrow, Koschwitz, Steudnitz und Oelsen.
Die Ordenskammer mit ihren Räten war damals nach Berlin verlegt und mit der Domänen-Kammer des Prinzen *Ferdinand* vereinigt. Kammerdirektor war der durch seine rastlose Tätigkeit hochverdiente Direktor *Stubenrauch*. Im Übrigen bildete die Ordensregierung ein, unter der Aufsicht der Königlichen Regierung stehendes Mediat-Kollegium, unter welchem die in den Ordensgütern wohnenden eximierten Personen in erster Instanz, die Städte Sonnenburg und Zielenzig, die Ordensämter, Ordens-Lehensvasallen-Güter und Lehenschulzen-Höfe in erster und zweiter Instanz standen. Die dritte Instanz war das Geheime Ober-Tribunal zu Berlin. Alle Rechts- und Vormundschaftssachen wurden in Sonnenburg durch einen Ordens-Institiarius besorgt. Dem Heermeister stand die Wahl des ganzen Personals zu.
Diesem würdigen Mann, dem Direktor *Stubenrauch*, verdankte Sonnenburg auch die Gründung einer so genannten Industrie-Schule im Jahr 1792. Vierzig bis fünfzig junge Mädchen wurden von der Frau des Küsters täglich 2 Stunden nachmittags im Stricken und Nähen, im Zuschneiden, Anfertigen und Ausbessern von Hemden, im Ausbessern alter Kleidungsstücke, Zeichnen der Wäsche, Spinnen von Wolle und Flachs unentgeltlich unterrichtet. Das Material wurde geliefert, die Arbeiten, als Hemden, Strümpfe usw., verkauft und der Arbeitslohn nach einer ordentlichen Taxe den Mädchen ausgeteilt, von denen die ausgezeichneteren bei Gelegenheit der Prüfung auch noch Prämien erhielten. Dies Institut wurde auf Kosten des Heermeisters unterhalten.

Das Edikt über die Einziehung der Johanniter-Ordens- und sämtlicher geistlicher Güter in der Monarchie vom 30. Oktober 1810 lautete folgendermaßen:

In Erwägung

a) daß die Zwecke, wozu geistliche Stifter und Klöster bisher errichtet wurden, theils mit den Ansichten und Bedürfnissen der Zeit nicht vereinbar sind, theils auf veränderte Weise besser erreichbar sind;

b) daß alle benachbarte Staaten dieselben Maaßregeln ergriffen haben;

c) daß die pünktliche Abzahlung der Kontribution an Frankreich nur dadurch möglich wird,

d) daß wir die ohnehin sehr großen Anforderungen an das Privatvermögen unserer getreuen Unterthanen ermäßigen, verordnen Wir, wie folgt:

§ 1. Alle Klöster, Dom- und andere Stifter, Balleien und Kommenden, sie mögen zur katholischen oder protestantischen Kirche gehören, werden von jetzt an als Staatsgüter betrachtet.

§ 2. Alle Klöster, Dom- und andere Stifter, Balleien und Kommenden sollen nach und nach eingezogen werden und für Entschädigung der Benutzer und Berechtigten soll gesorgt werden.

§ 3. Vom Tage dieses Edikts an dürfen

a) keine Anwartschaften ertheilt, keine Novizen aufgenommen und Niemand in den Besitz einer Stelle gesetzt werden,

b) ohne Unsere Genehmigung keine Veränderung der Substanz vorgenommen werden,

c) keine Kapitalien eingezogen, keine Schulden kontrahirt oder die Inventarien veräußert werden,

d) keine neuen Pachtkontrakte ohne Unsere Genehmigung geschlossen, keine älteren verlängert werden.

Alle gegen diese Vorschriften unternommenen Handlungen sind nichtig.

§ 4. Wir werden für hinreichende Belohnung der obersten geistlichen Behörden und mit dem Rathe derselben für reichliche Dotirung der Pfarreien, Schulen, milden Stiftungen und selbst derjenigen Klöster sorgen, welche sich mit der Erziehung der Jugend und der Krankenpflege beschäftigen und welche durch obige Vorschriften entweder an ihren bisherigen Einnahmen leiden oder deren durchaus neue Fundirung nöthig erscheinen dürfte.

Gegeben Berlin, den 30. Oktober 1810.

Friedrich Wilhelm v. Hardenberg

Hierauf erfolgte in Gemäßheit des vorstehenden Ediktes, die Königliche *Urkunde vom 23. Januar 1811*, wodurch die Ballei Brandenburg des Johanni-

ter-Ordens, das Heermeistertum und alle Komtureien aufgelöst und sämtliche Güter des Heermeistertums als Staatsgüter eingezogen wurden.
Endlich stiftete in schwerer, verhängnisvoller Zeit der in Gott ruhende, Hochselige Heldenkönig *Friedrich Wilhelm III.* durch nachstehende Kabinets-Ordre den Königl. Preußischen Johanniter-Orden durch die

Urkunde über die Errichtung des Königl. Preußischen Johanniter-Ordens. Vom 23. Mai 1812.

Wir Friedrich Wilhelm, von Gottes Gnaden
König von Preußen etc. etc.

Durch Unser Edikt vom 30. Oktober 1810 sind aus den darin angeführten Gründen, so wie in Gemäßheit dieses Edikts, durch Unsere Urkunde vom 23. Januar 1811 die Ballei Brandenburg des Johanniter-Ordens, das Heermeistertum, sowie die Kommenden derselben gänzlich aufgelöst, und die sämtlichen Güter des Heermeistertums und der Kommenden dieser Ballei sind, als Staatsgüter, eingezogen worden.

Wir bestätigen

1. *Durch Unsere gegenwärtige Urkunde, diese gänzliche Auflösung und Erlöschung der Ballei Brandenburg des Johanniter-Ordens, des Heermeisterthums und der Kommenden derselben, sowie die Einziehung der sämtlichen Güter des Heermeisterthums und der Kommenden dieser Ballei, als Staatsgüter; wollen und verordnen, daß es bei dieser gänzlichen Auflösung, Erlöschung und Einziehung in allen Folgezeiten verbleiben soll.*

   Dagegen

2. *errichten Wir hiermit, zu einem ehrenvollen Andenken der nunmehr aufgelösten und erloschenen Ballei des St. Johanniter-Ordens, einen neuen Orden, in der Eigenschaft und unter der Benennung:*

   Königlich Preußischer St. Johanniter-Orden,

   welcher von nun an zu Unsern Königl. Preußischen Orden gehören soll.
3. *Wir erklären hierdurch Allergnädigst, daß Wir Höchstselbst souverainer Protector dieses Ordens sind.*
4. *Derselbe soll aus einem von Uns Höchstselbst abhängigen Großmeister, und einer von Unserm Höchsten Willen abhängenden Anzahl von Rittern bestehen.*
5. *Die Ernennung des Großmeisters geschieht durch Uns Höchstselbst.*

6. *In Hinsicht der großen Verdienste, welche Unsers freundlich geliebten Groß-Oheims, des Prinzen* Ferdinand von Preußen, *Königl. Hoheit und Liebden, sowohl um Unsere Monarchie, als insbesondere um das ehemalige Heermeisterthum der aufgelösten Ballei Brandenburg haben, welchem Sie in einer langen Reihe von Jahren und bis zu desselben Auflösung, rühmlich vorgestanden, ernennen Wir hierdurch, gedachten Unsern freundlich geliebten Groß-Oheim, den Prinzen* Ferdinand von Preußen, *zum Großmeister des Königlich Preußischen St. Johanniter-Ordens.*
7. *Auf den Fall gedachter Seiner Königl. Hoheit und Liebden dereinstigen Ablebens, welches die göttliche Vorsehung noch lange entfernen wolle, und für die Zeit von diesem Ableben an, ernennen Wir hiermit Unsers freundlich geliebten Bruders, des Prinzen* Heinrich von Preußen, *Königl. Hoheit und Liebden, welcher, bis zur Auflösung der Ballei, Coadjutor im Heermeisterthum derselben war, zum Großmeister des Königl. Preußischen Johanniter-Ordens.*
8. *Ernennen Wir hiermit zu Rittern dieses Ordens alle diejenigen, welche, als wirklich eingekleidete Ritter des Johanniter-Ordens der aufgelösten Ballei Brandenburg, zur Tragung der Ehrenzeichen des eben gedachten alten Ordens berechtigt waren.*
9. *Behalten Wir Uns vor, die mit ehemaligen, jetzt aufgelösten, Anwartschaften versehene Mitglieder der erloschenen Ballei Brandenburg, auf vorgängige Prüfung und nach Befinden der speziellen Umstände eines jeden einzelnen Falles, zu Rittern des Königl. Preußischen Johanniter-Ordens Allergnädigst zu ernennen.*
   Diese ehemaligen Anwarter können sich, mit ihren Bittschriften um diese Ernennung, an Uns unmittelbar, oder an den Großmeister wenden, und Wir wollen sodann, auf Antrag des Großmeisters entweder sofort entscheiden, oder den Bericht Unserer General-Ordenskommission erfordern und auf diesen Bericht Unseren Beschluss ertheilen.
10. *Werden Wir, nach Unserm Wohlgefallen, solchen Personen, welche sich um Uns, um Unser Königl. Haus, und um Unsere Monarchie verdient gemacht haben, Unseren Königl. Preußischen Johanniter-Orden sowohl aus Höchsteigener Bewegung erteilen, als auf die Anträge des Großmeisters nach geschehener Prüfung zu erteilen Uns vorbehalten, auch, wann Wir es gutfinden, Berichte Unserer General-Ordenskommission über diesen Gegenstand erfordern.*
11. *Die Insignien dieses Ordens sollen bestehen, in einem goldenen, achtspitzigen weiß emaillirten Kreuz ohne die bisherige große Krone darüber, in dessen vier Winkeln der mit einer goldenen Krone gekrönte Königl. Preu-*

ßische schwarze Adler sich befindet, und welches an einem schwarzen Bande um den Hals getragen wird; desgleichen in einem auf der linken Seite des Kleides befindlichem weißen Kreuz.

12. *Der Großmeister trägt ein größeres Kreuz an einem breiteren Bande, wie auch ein größeres gesticktes Kreuz. Die Ritter tragen ein kleineres Kreuz an einem schmaleren Bande, wie auch ein kleineres Kreuz an der linken Seite des Kleides.*
13. *Dem Großmeister und den Rittern ertheilen Wir Befugnis zur Tragung der in der Anlage Litt. a. beschriebenen Uniform.*
14. *Die bisherigen Ritter behalten die alten Insignien.*
15. *Den im 9. und 10. Artikel der gegenwärtigen Urkunde bezeichneten, von Uns allergnädigst zu Rittern künftig zu ernennenden Personen, werden Wir durch Unsere General-Ordenskommission bekannt machen lassen, was sie gegen Erhaltung der Insignien des Königlich Preußischen Johanniter-Ordens zu entrichten haben.*
16. *Wir erweitern hiermit die durch Unsere Urkunde vom 18. Januar 1810 Unserer General-Ordenskommission in Angelegenheiten der Königl. Preußischen Orden und Ehrenzeichen ertheilten Aufträge, Amtspflichten und Amtsbefugnisse dahin, daß dieselben sich auf Unsern Königl. Preußischen Johanniter-Orden mit erstrecken sollen und behalten Uns vor, einen Ritter dieses Ordens zum Mitgliede dieser Unserer General-Ordenskommission dergestalt zu ernennen, dass die Angelegenheiten dieses Ordens von Unserer ganzen General-Ordenskommission, mit Zuziehung des gedachten Mitgliedes, bearbeitet werden sollen.*
17. *Der Verlust Unsers Königl. Preußischen Johanniter-Ordens soll in denselben Fällen und auf dieselbe Weise von Uns Höchstselbst ausgesprochen werden, welche in Unserer Erweiterungsurkunde vom 18. Januar 1810 für die Königl. Preußischen Orden und Ehrenzeichen im 17. Paragraph der gedachten Erweiterungsurkunde bezeichnet sind.*

Urkundlich unter Unserer Allerhöchst eigenhändigen Unterschrift und Unserm anhängenden Königlichen größeren Insiegel geschehen und gegeben zu Berlin, den dreiundzwanzigsten Mai des Eintausend achthundert und zwölften Jahres.

(gez.) Friedrich Wilhelm
v. Hardenberg

Litt. a.

Die Uniform besteht aus einem rothen Rock; der Kragen, die Aufschläge, das Unterfutter, die Weste und Unterkleider sind weiß. Auf Kragen und Aufschlägen befinden sich goldene Litzen. Der Rock hat goldne Epaulets, die Knöpfe sind gelb und das Kreuz des Ordens ist auf demselben befindlich.

Seit dieser Zeit ist das Zeichen der Ordens-Angehörigkeit, das achteckige Johanniter-Kreuz, das man sonst in jedem zum Orden gehörigen Ort gewahrte, größtenteils verschwunden, und die Zeit würde allgemach auch die letzten Überreste verwischt haben, wenn nicht der Geist christlicher Liebe, aus dem der Orden einst hervorgegangen, in unseren Tagen die Ballei Brandenburg wieder belebt hätte, so dass das Ordenskreuz wieder wie in den schönsten Tagen des Ordens zum Zeichen christlicher Krankenpflege gemacht, und aus einem Gnadenzeichen in sein altes Recht, das Symbol einer ritterlichen Hospitaliter-Genossenschaft zu sein, wieder eingesetzt worden ist. Wenn auch ein Teil der Zwecke des großen ursprünglichen Johanniter-Ordens, der Kampf gegen die Ungläubigen und die Pflege der Pilger, von dem Johanniter-Orden des Heermeistertums Sonnenburg auch in den Jahrhunderten seines Bestehens nicht mehr verfolgt werden konnte, da e sin der Mark weder Ungläubige noch Pilgrime gab, so ist doch menschenfreundliche Krankenpflege von dem Orden in seinen Hospitälern auch hier nie versäumt worden.

Doch war dieser Zweck zu sehr aus dem Bewusstsein des Ordens selbst, und völlig aus dem der außer dem Orden stehenden Personen geschwunden, als dass er noch eine belebende Kraft gehabt hätte, und in der Säkularisation der Ballei Brandenburg sah seiner Zeit niemand etwas Anderes als die Einziehung von Pfründen.

Die Strömung des neu erwachten Geistes, welcher die christliche Krankenpflege in freier und durch Gelübde nicht gebundenen Liebe als eine hohe Aufgabe der Evangelischen Kirche zu erkennen beginnt, die bereits zur Gründung zahlreicher Diakonissen-Anstalten geführt hat, und in der Stiftung des Schwanen-Ordens einen Ausdruck gefunden hatte, verbunden mit dem wiedererwachten Bewusstsein der Pflichten des deutschen Adels, hat einer anderen Betrachtung des Johanniter-Ordens Bahn gebrochen.

Das Verdienst der ersten öffentlichen Anregung zu einer solchen, den Stiftungszwecken entsprechenden Anschauung des Ordens gebührt dem Kreisrichter *Scholle* zu Sonnenburg, der, von dem Wunsch beseelt, das dortige Ordensschloss als Andenken an den Orden zu erhalten,[31] bereits im Jahr 1850

[31] Wir möchten dasselbe von der großartigen ehrwürdigen Ordens-Komturei Feste Lagow im Sternberger Kreis wünschen, diesem Denkmal einer großen Vergangenheit.

die Sammlung von Beiträgen dazu angebahnt und Seiner Majestät Billigung dieses Unternehmens nachgesucht hat. Diese erfolgte in nachstehendem Allerhöchsten Bescheide:[32]

„Mein lieber Kreisrichter *Scholle*. Ich habe aus Ihrer Eingabe vom 15. v. M. mit Wohlgefallen ersehen, wie Sie bemüht sind, die Mittel zur Erhaltung und Herstellung des ehemaligen Johanniter-Ordensschlosses zu beschaffen, und versichere Sie gern, daß dieses Unternehmen Meine vollkommene Billigung hat. Von dem Fortgange der von Ihnen angeregten Sammlung wünsche ich in Kenntniß erhalten zu werden, und will für den Fall, daß das Unternehmen so viel Teilnahme findet, daß die Herbeischaffung der zur Instandhaltung des Schlosses nöthigen Geld-Summen zu erwarten steht, Meinerseits auch einen Beitrag zu diesem Zwecke in Aussicht stellen. Es ist auch Meine Absicht, nach erfolgter Herstellung dem Schlosse eine seiner historischen Bedeutung mehr entsprechende Bestimmung zu geben, und gedenke vielleicht, in Erinnerung an die Entstehung des Johanniter-Ordens dasselbe als Hospital verwenden zu lassen. Jedoch will ich mir die weitere Bestimmung vorbehalten.“

Sanssouci, den 3. August 1850
(gez.) *Friedrich Wilhelm*

Die von dem Kreisrichter *Scholle* begonnene Sammlung hat nun allerdings nicht den Ertrag geliefert, dass aus demselben die Herstellung des Schlosses hätte erfolgen können.
In viel ausgedehnterer Weise aber, als dieser würdige Mann bei dem Beginn seiner Sammlung es für möglich gehalten hatte, ist die Erhaltung und Wiederherstellung des Ordensschlosses zu Sonnenburg gesichert durch die seitdem erfolgte Wiederherstellung des Evangelischen Johanniter-Ordens als einer *Ritterlichen Hospitaliter-Genossenschaft* im ältesten Sinne des Ordens, der Stiftung des Meisters *Gerhard* entsprechend.
Am letzten Geburtstag Sr. Majestät des Königs haben Allerhöchstdieselben diese Wiederherstellung durch nachfolgende Kabinetts-Order beschlossen:

Ich will gegenwärtig die längst von mir gehegte Absicht zur Ausführung bringen, dem Preußischen St. Johanniter-Orden eine seiner ursprünglichen

[32] Nach einer Mitteilung des Wochenblatts und Anzeigers des Sternberger Kreises von 1851. No. 9. S. 40.

Stiftung entsprechende gemeinnützige Bestimmung zu geben und setze zu dem Ende Folgendes fest:

1. *Die Ballei Brandenburg des evangelischen St. Johanniter-Ordens ist, unbeschadet der durch das Edikt vom 30. Oktober 1810 erfolgten Einziehung der Güter derselben als Staatsgüter, wieder hergestellt.*
2. *Zu wirklichen Mitgliedern der Ballei Brandenburg des St. Johanniter-Ordens (Komturen und Rechtsrittern) sollen von jetzt an nur solche, des Ordens würdige Personen*[33] *ernannt werden, welche sich verpflichten, für die Zwecke des Ordens einen jährlichen Beitrag von mindestens 12 Rthlrn. zu zahlen und ein Eintrittsgeld von 100 Rthlrn. erlegen.*
3. *Die gegenwärtig noch am Leben befindlichen Ritter, welche vor der Säkularisation den Orden erhalten haben, sollen auch ohne Übernahme dieser Leistungen wirkliche Mitglieder dieses Ordens sein. Die nach der Säkularisation ernannten, jetzt vorhandenen Ritter des Königlich Preußischen St. Johanniter-Ordens aber sollen das Recht haben, sich zu wirklichen Ordens-Mitgliedern aufnehmen zu lassen, auch von der Zahlung des Eintrittsgeldes entbunden sein. Den darunter befindlichen Ausländern steht es frei, die Verpflichtung zu laufenden Beiträgen durch eine einmalige Zahlung von 200 Rthlrn. abzulösen.*
4. *Diejenigen nach der Säkularisation ernannten Ritter des Königlich Preußischen St. Johanniter-Ordens, welche von der ihnen vorstehend beigelegten Befugnis keinen Gebrauch machen, gehören nicht zu den wirklichen Ordens-Mitgliedern und sollen die Bezeichnung „Ehren-Ritter" führen. Ich behalte Mir vor, noch fernerhin solche Ehren-Ritter nach den Bestimmungen der Errichtungs-Urkunde vom 23. Mai 1812 zu ernennen. Wer zum Ehren-Ritter ernannt wird, hat für die Insignien 100 Rthlr. zu entrichten, und wenn die Ernennung auf sein Ansuchen erfolgt, das Doppelte dieses Betrages.*
5. *Diese Zahlungen, sowie die Eintrittsgelder und die laufenden Beiträge der wirklichen Ordens-Mitglieder fließen in die zu errichtende Kasse des St. Johanniter-Ordens. Aus derselben sollen Krankenanstalten begründet und unterhalten werden, und zwar soll der Anfang mit Einrichtung eines Spitals im ehemaligen Ordens-Schloss zu Sonnenburg gemacht werden, sobald die dazu nöthigen Mittel angesammelt sind.*

   Ferner

---

[33] Dem Vernehmen nach wird bei der Aufnahme in die Ballei Brandenburg an der Bedingung festgehalten werden, dass die Aufzunehmenden Evangelischer Konfession, Deutsche und von Adel sind.

6. *will Ich dem Orden, dessen innere Verfassung Ich durch ein Statut regeln werde, hierdurch Korporationsrechte verleihen.*

Meine gegenwärtige Ordre ist durch die Gesetzsammlung zur öffentlichen Kenntniß zu bringen.

Sanssouci den 15. Oktober 1852.

Friedrich Wilhelm
v. Manteuffel
An das Staats-Ministerium.

Behufs Regelung des Verfahrens hinsichtlich der Behandlung der seit Veröffentlichung der Order vom 15. Oktober 1852 zahlreich eingehenden Anträge auf Aufnahme in die Ordens-Genossenschaft, bis zur Bildung des Ordens-Kapitels, ist nachfolgende Allerhöchste Kabinetts-Order vom 21. Januar 1853 ergangen:

In Verfolg Meiner, die Reorganisation des St. Johanniter-Ordens betreffende Ordre vom 15. Oktober v. J. bestimme Ich hierdurch, daß bis zur Bildung des Kapitels der Ballei Brandenburg des St. Johanniter-Ordens alle Anträge wegen Aufnahme zu wirklichen Mitgliedern der Ballei und wegen Ernennung zu Ehren-Rittern an die General-Ordenskommission zu richten sind, welche diese Anträge, sowie die eingehenden Geldbeiträge, bis zur Bildung des Kapitels zu asserviren und demnächst an dasselbe abzuliefern hat. Ich überlasse Ihnen, die General-Ordenskommission hiernach mit Anweisung zu versehen.

Berlin den 31. Januar 1853.

Friedrich Wilhelm.
v. Manteuffel.
An den Minister-Präsidenten.

Seitdem haben Se. Majestät der König als Patron und Schutzherr der Ballei Brandenburg diejenigen Ordensritter, welche vor der Säkularisation in den Orden aufgenommen waren, und als solche noch den förmlichen Ritterschlag empfangen hatten, zu Kommendatoren der Ballei ernannt. Diese Kommendatoren, acht an der Zahl, sind zum Kapitel des Ordens zusammengetreten, und aufgrund des dem Kapitel der Ballei durch den Heimbacher Vergleich zugestandenen Rechtes zur Wahl eines Herrenmeisters geschritten. Aus den nach altem Gebrauch dem Kapitel von Sr. Majestät dem König als Markgrafen von Brandenburg präsentierten Personen ist Se. Königliche Hoheit der *Prinz Karl von Preußen* zum *Herrenmeister der Evangelischen Ballei Brandenburg des*

Ritterlichen Hospitaliter-Ordens von St. Johannes von Jerusalem gewählt worden.

Eine neue Ära beginnt für die Ballei Brandenburg! Möge der rechte Geist, der bei der Stiftung des Ordens gewaltet hat, auch in dem neu erwachten Zweig Macht gewinnen!

Ein gutes Omen für das künftige Leben im Orden ist, dass an demselben Tag, an welchem Se. Majestät, der König, die Wiederbelebung desselben beschlossen, Allerhöchstdemselben die Statuten einer unter den schlesischen Rittern des Ordens aus freiem Entschluss entstandenen Genossenschaft zur Bestätigung überreicht worden sind, welche zu Zwecken der Krankenpflege und der Erziehung zusammengetreten ist. Der Anschluss dieser Genossenschaft an die Ballei ist dem Vernehmen nach schon vorbereitet.

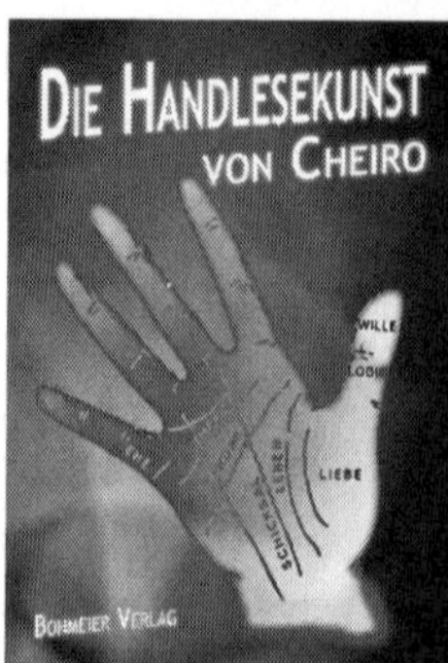

Fachbücher für Magie und alternative Weltsichten

Bohmeier Verlag ... damit Sie erleben, worüber Sie sonst nur lesen!

Kataloge und Infos im Internet ...

www.magick-pur.de

oder einfach per E-Mail: info@magick-pur.de

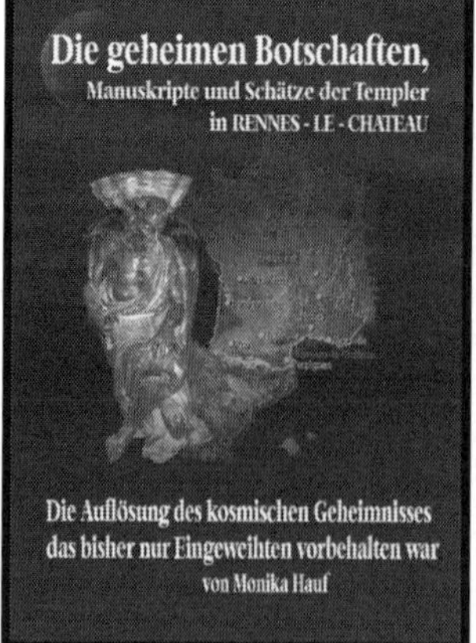